# 一门三杰

## 陈独秀和他的两个儿子

朱洪 著

人民出版社

在中国现代史上，有这样一个特殊的家庭：父亲发起、创立了中国共产党，连任五届中共中央主要领导人；两个儿子，一个曾任中共广东区委书记、中共江浙区委书记、中共江苏省委书记、中共中央委员，一个曾任中共北京区委组织部长、中共江苏省委组织部长、中共中央委员。兄弟俩作为中国共产党早期领导成员，在不到一年的时间里，相继被国民党反动派枪杀于龙华监狱，壮烈牺牲。他们父子仨，演奏着两种不同风格的历史悲歌，组合出独特的历史悲怆。其中，儿子的悲壮更易为世人所理解，因为他们是为人民英勇献身的英雄；而父亲的悲剧，则超出了特定的时空和传统的"悲剧"含义，它所包容的内涵，至今鲜为人解。

所幸的是，人们在回眸英雄或思想界的泰斗耀眼的光芒时，除了反思沉重的历史，还能感受到英雄们的生命绽放出的耀眼光芒，感受到海鸥在急风暴雨中的奋击与拼搏，以及一个站在风口浪尖的思想家内心深处澎湃的心潮。

英烈们是为了我们这些后来者能过上美好的生活而奋斗、而牺牲的。为了真理和正义，他们身陷囹圄、走向断头台。在搜寻先烈、先人足迹的时候，我们除了对曾经绽放过的生命花朵赞美和仰慕之外，或许我们些许麻木甚至腐锈的心灵也能得到反省、警醒和振作。

父子三人同时被选为第五届中共中央委员，这是中国共产党历史上绝无仅有的。而他们三人，同时在第六届中共中央委员会中消失了，一个虽然活着，却没有进入其亲手创立的中国共产党中央委员会，而另外两人，已惨死在敌人的监狱中，自肉体上被国民党反动派永远地消灭了。这是一个乌云翻滚、大江呜咽的年代，在1927年7月到1928年6月仅仅一年中，陈氏三杰，以不同方式，退出了现代中国政治舞台。

历史以其特有的方式，演奏着人间各自的悲剧。直到今天，父亲的悲剧仍然是一个悬念。它是一部生动的教科书，启发着一代代学人去探索历史的真相，去思考和挖掘其中的内涵和普遍意义。

一切自有论定，历史会告诉未来。在奔腾不息的历史长河中，他们父子仨的生命，尽管只是三朵瞬息消逝的浪花，三颗早已泯灭的火星，但他们作为革命先行者追求真理和正义、为人民谋求幸福的伟大献身精神，已融入了中华文明的大江大海，永远不会枯竭。

滔滔东去的长江记得他们，巍巍挺拔的高山记得他们，享受他们奋斗的成果的人民会永远地记住他们。他们是中华民族的优秀儿子，是中华民族值得引以骄傲的英豪！

# 目　录

# 第一章　家乡岁月（1879—1915）

## 1. 陈延年出生

1879年10月9日（农历八月二十四日），一个桂花飘香的日子，陈独秀出生在安庆城北一栋民房里。因为有一个大八岁的哥哥庆元（字孟吉），祖父给小孙子取名庆同，字仲甫，长大后，自取笔名独秀。

陈独秀两岁时，父亲在苏州教书，因感染霍乱，死在苏州。在奉天做四品官的四叔陈衍中（昔凡）无子，陈独秀丧父，祖父（白胡子爹爹）作主，将陈独秀过继给四叔。父亲去世后，陈独秀跟祖父后面读四书五经，接受了启蒙教育。

陈独秀10岁时，71岁的祖父去世了。祖父喜欢抽鸦片烟，因为家庭贫困，晚年脾气暴躁，陈独秀背书背不出来，常常气得暴跳如雷，甚至用竹条子打陈独秀。他因为爱抽鸦片，脾气不好，家中人走路重了，也要被他骂。他骂陈独秀最多的话是："翻

1879年陈独秀出生地，安庆马炮营旧址

1

生货！""将来不成龙就成蛇！"因为陈独秀不怕打，被祖父打痛了，就瞪着眼睛看祖父，叫祖父火冒三丈。祖父去世后，母亲安排陈独秀跟私塾先生后面读书，因不听先生的话，换了几个私塾先生，后来，母亲让已考取秀才的哥哥孟吉教他经学，写八股文。

1897年，18岁的陈独秀以第一名的成绩考取了安庆秀才。因为个子不高，监考的李先生在他考完后，叫住他，嘱咐他："好好用功！"那意思，将来可以考一个举人。次年，他与哥哥孟吉一起参加江南乡试。因为考前没有充分准备，加上考题千奇百怪，陈独秀没有考好。落第回安庆后，在母亲的安排下，陈独秀与安庆副将、六安人高登科的女儿高氏（小名"大众"）结婚。高氏没有念过书，小脚，个子高挑，人也秀气。高氏1876年正月十八日出生，大陈独秀三岁。那个年代，女子到了20岁仍然待字闺中，就是大姑娘了。陈独秀虽然考取秀才，但家庭贫困，所以，两个家庭一拍即合了。

1898年，陈独秀结婚第二年，儿子陈延年出生。这一年，戊戌变法失败，谭嗣同等六君子人头落地。陈延年出生在一个腥风血雨的年头，

延年、乔年出生地——安庆南水关培德巷1号

出生地在安庆大南门培德巷东口一号，隔壁是接引庵。陈家大门朝长江，东边是安庆振风塔，西边是大观亭，大观亭后面是元末安庆守官余阙的墓。

延年之上，有陈独秀的哥哥庆元（孟吉）的三个儿子：遐年、遐勋、遐永。他们同住在不久迁到几百米远的大南门南水关，按顺序算，延年位在老四，故小名叫"小四子"。

延年脑门阔，像父亲，瓜子脸像母亲。延年脸上有一种豪气，家里人说与外祖父高登科是一个武将有关。延年的出世，对平常与丈夫说不上话的母亲是个安慰。陈独秀近二十岁，年纪轻轻做了父亲，喜上眉梢。

延年出生这年，嗣父陈昔凡回家省亲，临走带陈庆元、陈独秀弟兄俩去奉天（沈阳），一则帮自己做点事，二则省得在家吃闲饭。兄弟二人江南乡试失败后，在家白吃不干事，是一个很大的压力。到了东北，陈独秀帮嗣父抄写文稿，做些杂事。不料时间不长，母亲查氏在安庆去世了。北方正闹义和团，1900年春节前夕，兄弟二人在一路哀鸿声中，回安庆奔丧。

时间飞快。陈独秀出门时，小四子延年才出生，回家时，已三个年头了。儿子是个什么模样，陈独秀已记不清了。回家后，兄弟俩将母亲安葬在安庆北郊叶家冲（今安庆十里铺陈独秀陵园），守孝在家，过了一段安静的日子。

1900年年底，高氏生下了女

青年陈独秀

3

儿玉莹（筱秀、婉若）。陈独秀是急性子，满脑子诗书文章，高氏是本分过日子的人，两人很少有共同语言。筱秀出生后，高氏更忙了，成天围着锅台和孩子转。陈独秀是闲不住的人，要么在家读书，要么邀上一帮朋友，高谈阔论东北及天下大事，很少有工夫过问小延年的学习。

"筱秀"是大女儿的小名，后来陈仲甫在日本写文章，取笔名"陈独秀"，一层意思是怀宁有一座小山，叫独秀山，与这座山有关系，另一层意思，女儿叫筱秀，取笔名"独秀"，增加父女的联系。

妹妹出生时，小延年已学会走路。偶尔，陈独秀带着儿子到江边玩一会儿。安庆江面宽阔，江水汇合了鄱阳湖的水，向东流去。长江转弯处，波浪起伏，浪涛声声。只见一艘艘民船往来穿行，船的后面，涌起白色的浪花。看着江鸥在夕阳下追逐浪花，悠闲地飞翔，陈独秀希望自己也能像江鸥一样，展翅高飞。

## 2. 陈乔年出生

1901年春天，陈独秀决定去日本留学。为了凑齐上日语速成班学费和路费，陈独秀找妻子高氏要金手镯。因为金手镯是娘家给的，妻子不肯给。陈独秀自知理亏，不好强求。

初秋，庆元、庆同弟兄俩相约启程。一个去日本，一个去东北奉天。父亲和伯父离开后，家里冷清多了。高氏仍然是忙忙碌碌的，忙一家人的家务，小延年常被叫到摇篮前，照看一会儿襁褓中的妹妹。但更多的时间，延年和伯父家的孩子在一起，玩斗蟋蟀、捉迷藏等游戏。

10月，22岁的陈独秀第一次到日本，上东京学校（东京弘文学堂）师范科学日语。几个月后，陈独秀因为经济困难，与桐城人潘赞化一起乘船回国。潘赞化1885年生，这年16岁。他随哥哥潘缙华一起到日本，认识了陈独秀。他后来娶了青楼女子张玉良为妻，留下一段佳话。

　　1902年年初，陈独秀回到安庆。嗣父陈昔凡将南水关道院内的房子扩建成两幢毗连的房子。房基隔街临江，隔壁是李鸿章公馆。陈昔凡看上这块风水宝地，准备在这里颐养天年。

　　回到安庆后，陈独秀很少带四岁的儿子延年出门玩。他要么出门看望朋友，要么引许多青年到南水关家中来，谈笑终日。陈家像个客店，一天到晚，人来人往，热热闹闹。这些青年中有安徽大学堂的学生郑赞丞、房秩五，有武备学堂学生柏文蔚，有南京陆师学堂学生葛襄（葛涓仲），以及潘赞化、何春台等人。

　　陈独秀只顾和一帮朋友谈天说地，并不管延年念书识字。高氏不敢说他，四叔昔凡的妻子、嗣母谢氏偶尔一旁说几句。陈独秀听了嗣母的话，乘自己练习书法时，偶尔写几个大字，教延年练习写毛笔字、识字。嗣父陈昔凡喜欢字画，自己练隶书，叫陈独秀从小临摹碑帖，少习馆阁体。

　　秋天，陈独秀因组织"青年励志社"，引起安庆当局的警觉。为避免麻烦，陈独秀和葛襄离开安庆，再次去日本。途经南京，陈独秀认识了在南京读书的章士钊等人。陈独秀第二次到日本，认识了苏曼殊、冯自由等人，并和秦毓鎏、叶澜等人一起发起成立了"中国青年会"。

陈昔凡书法

　　1902年春节，陈独秀在日本过。除夕之夜，他突然挂念起怀孕的妻子。他不知道妻子是否顺利分娩。

1902年年底，高氏顺利产下一子。这个团团脸、活泼好动、皮肤白白的小五子，便是日后中共北京区委组织部长、中共五大中央委员之一、中央组织部副部长、中共湖北省委书记、中共江苏省委组织部长——陈乔年。

1903年3月31日，陈独秀、张继、邹容、翁浩、王孝缜因合谋强行剪掉了陆军学生监督姚昱的辫子，被日本警方驱逐回国。

陈独秀（左一）在日本（1903年）

4月上旬，陈独秀、邹容、张继乘船到上海。邹容在《苏报》上刊登《革命军》文章，张继留在《苏报》编辑部，帮章士钊编辑文章。陈独秀因挂念妻子分娩，搭上一条船，溯江而上，回到了安庆。

陈独秀回来时，五岁的延年已入私塾蒙馆读书，女儿筱秀已三岁，而不到半岁的小五子（陈乔年），他是第一次见到。这次回家，陈独秀剪了辫子，引起嗣母谢氏和妻子的一阵惊慌。

陈独秀因为剪了辫子，怕人少见多怪，有几天没有出门。他在家读书，偶尔教小四子几句《今古贤文》。大儿子虽没有受到系统的训练，但天资聪明。陈独秀当年读的书，堆在那里，蒙了厚厚的灰尘，儿子常常翻看，到处是儿子移动的痕迹。

延年喜欢看古代小说，如《第五才子》（《水浒传》）、《第一才子》（《三国演义》），都是陈独秀喜欢看的书，儿子也喜欢看。

大部分时间，陈独秀仍和一帮朋友谈天说地。

1903年5月17日下午，陈独秀在安庆孝肃路拐角头潘家藏书楼发表演讲，并效仿上海爱国学社，成立"安徽爱国会"。受此影响，安庆学界风起云涌，学生不上课，闹起学潮，要去东北参加拒俄战争，弄得安徽巡抚、安庆知府焦头烂额。两江总督密令安徽巡抚密察为首者，务求早早缉拿归案，早日平息安徽风波。随即，安庆知府桂英查封了藏书楼，将几个闹事的为首分子开除学籍。陈独秀见风声吃紧，避往上海。

到上海后，陈独秀先在《苏报》编辑部帮章士钊编辑报纸。7月7日，因发表邹容写的《革命军》，《苏报》被查封。章太炎被逮捕后，邹容主动去监狱坐牢，不久病死狱中。陈独秀和章士钊等人创办《国民日日报》，代替《苏报》。由于编辑费短缺和其他原因，该报办了三个月零二十三天就寿终正寝了。

春节前夕，陈独秀和大家分手，回到安庆。

### 3. 陈家的钱"多得不得了"

1904年，陈独秀的嗣父陈昔凡在东北遇到了一个发财的机会，成为暴发户。

2月8日，为了争夺中国东三省，日俄战争爆发，清廷宣布"局外中立"。当时，日俄双方都需要马匹，商人便从蒙古贩运大批马匹到奉天（沈阳）出售，牟取暴利。地方官趁机大抽牲口税。因为战乱，这些税金没有上缴清廷国库，落入地方官吏的腰包。陈昔凡当时任辽阳州过班升道，混乱中趁机捞了一把。

　　陈昔凡在日俄战争期间发了一笔洋财后，扩建了安庆市南水关的住房。西头是先建的两栋毗连的房子，共19间，东头是后建的一排隔成8间的平房，总共27间。房子中间，是陈昔凡自己设计的两个袖珍花园。房子有三个大门楼，一个是临江的大门，俄式风格，外围用了一排栅栏，人称"陈家大洋房"，一个是本土风格，中间还有一个后门。（陈独秀故居，即陈延年、陈乔年出生处，20世纪80年代被安庆市自来水公司夷为平地。现在旧址上立一碑，云："陈延年、陈乔年读书处"。）

　　陈昔凡在日俄战争中究竟捞了多少钱，已无从知晓。但陈昔凡此后在奉天购置田地200亩；在北京琉璃厂附近投资1万两银子（折算当时硬币1.3万元），开了一间"崇古斋"古玩铺；在奉天设了一间"崇古斋"分店；在安徽贵池乌沙购地800亩；在安庆四牌楼自胡玉美店往西，有17家店铺面。可以大致知道，陈昔凡所得不菲。

　　古代中国家庭的钱，一般归夫人（内当家）掌管。陈昔凡的钱，同样是交给妻子谢氏掌管，陈独秀一概不问。

　　陈独秀的堂侄子陈遐文，1898年出生，与延年一样大，曾代陈独秀嗣母谢氏，去四牌楼茶叶店收过租钱。他记得，17个店面一样大，每个店面每月租金为17吊钞。半个世纪后，陈遐文回忆起来，还赞叹陈独秀家的钱"多得不得了"。（《陈遐文谈陈独秀》，载《陈独秀研究参考资料》第1辑，安庆市历史学会、安庆市图书馆编印，1981年，第93页。）

　　陈独秀正在创办《安徽俗话报》，经费短缺，但他不染指嗣父。父子俩，一个是朝廷命官，一个是剪辫子的革命者，志向不同，各走各的路。虽然如此，陈独秀多少沾了嗣父的光。嗣父发财后，陈家经济跟着好了起来。延年、乔年兄弟不仅可以经常吃到住在白泽湖乡下亲戚送来的豆腐，偶尔也能吃上猪肉。遇到节庆日，还能看上一两台戏。安庆流行昆戏，自南水关往北走几百米就是戏馆，看戏十分方便。当时黄梅戏被认为不能登大雅之堂，一度被挡在集贤关外。

只要有戏看，高氏总抱着小五子，带上小四子、女儿筱秀，一起去看。他们看的戏多半是古代小说改编的，如《长坂坡》《恶虎村》《烧骨计》《红梅阁》《文昭关》《武十回》《卖胭脂》《荡湖船》等。小四子已六七岁，懵懵懂懂，一知半解。小五子虽活泼好动，但看戏时，眼睛一眨不眨，聚精会神。

不久，因一起办报的吴挚甫要随桐城学堂去桐城，房秋五打算去日本留学，陈独秀将《安徽俗话报》移到芜湖去编。从事发行的汪孟邹在芜湖开办了科学图书社，陈独秀去芜湖，将编辑与出售合在一地，省了许多事，但印刷仍然在上海，由章士钊帮忙找人印刷。

1905年秋天，陈独秀的朋友吴越在北京火车站炸五大臣遇难，加上在《安徽俗话报》刊登一则反英消息得罪了英国驻芜湖领事，陈独秀将《安徽俗话报》停办了。不办报后，陈独秀仍在芜湖安徽公学教书，并与柏文蔚、常恒芳等人发起成立了岳王会。

年底，陈独秀回安庆过年。听父亲张口闭口谈岳飞，才四岁的乔年也在家舞刀弄剑，模仿岳飞枪挑小梁王的故事。

高氏家务多，延年带着弟弟在外面玩耍，省了许多事。她唯一担心的是孩子玩水，每到夏天，江里总有小孩子游泳时淹死。

延年、乔年和小朋友程寅生等常去迎江寺玩。出南水关，沿着门前的江堤，往东走几百米，就到了迎江寺。江堤边栽了杨柳，长满了芦苇。迎江寺里有一个明朝建造的七层振风塔，号称长江第一塔，高大雄伟，方圆十几里都可以看到。

迎江寺常举行佛教仪式，主持是月霞法师。月霞法师1858年生，这一年48岁。他是湖北黄冈人，俗姓胡，在南京观音寺出家，在铜陵莲花

安庆振风塔

寺受具足戒。他精通天台、华严教义。月霞法师徒弟中，最有名的是虚云法师。月霞法师精通佛教、懂诗文，曾经是革命党人。月霞法师很喜欢延年、乔年，常常给他们讲故事。月霞法师讲的多半是延年和乔年没有听过的佛教知识，以及许多没有听过的名人故事。月霞法师于1971年在杭州玉泉寺圆寂，世寿113岁。

## 4. 摆在肚子里

1906年春，在芜湖教书的陈独秀和苏曼殊一起去日本，这是陈独秀第三次去日本。苏曼殊是广东香山人，1884年10月出生于日本横滨，母亲是日本人河合若子，父亲苏杰在苏曼殊出世前，即丢弃河合若子而去。后来，河合若子嫁给一个海军军官后，将儿子苏曼殊交给了姐姐河合仙抚养。这次去日本，苏曼殊想见见义母河合仙，结果无功而返。

秋天，陈独秀从芜湖回到安庆。他西装革履，头发后梳，一副留洋派头。进门时，嗣母谢氏旧脑筋，看不习惯，笑着对高氏说："穿得像鬼一样！"

陈独秀脱下西装褂子，要侄子陈遐文穿上。陈遐文七八岁，与延年一样大。陈独秀把他拖到大花园树边靠着，他站在旁边，笑眯眯地望着陈遐文，把头直摇直摆地说："老奶奶讲我穿得像鬼一样，这穿着多好看呐！"（《陈遐文谈陈独秀》，载《陈独秀研究参考资料》第1辑，安庆市历史学会、安庆市图书馆编印，1981年，第93页。）

这次陈独秀回来，住在乡下陈家老屋的陈遐文恰好上街来玩。他一来，南水关的一群孩子或者玩弹子，或者玩蟋蟀，比平常更热闹了。

按辈分，陈遐文喊陈独秀"小叔"，见小叔将洋服装披在自己的身上，陈遐文乐呵呵的，冲着延年笑。延年见父亲和遐文讲话，远远地站着，睁着大大的眼睛朝他们看。陈独秀见儿子陌生的眼神，连忙走了过来，伸手摸了一下延年黑黑的头发，"嗯"了一声，说："长高了。"

1907年春，陈独秀辞别了谢氏、高氏及三个孩子，第四次到日本。陈独秀离开安庆时，高氏怀了身孕，夏末生下一个女儿，即乔年之妹。不久，幼女夭折。

近60岁的陈昔凡告老还乡后，吟诗作画，种花养鸟。他以邓石如、刘石庵、王石谷、沈石田四先生为师，称其居室为"四石师斋"。他亲笔画了一幅"余桥耕读"图，上面画了山水，下面画的是一个人在钓鱼。这是他的自画像，表示自己已经归隐山林了。

一次，延年问祖父昔凡，画上的人在垂钓，画的是谁啊？

陈昔凡耳大鼻隆，慈眉善目，一副官相。他听了孙子的话，哈哈笑了，说：画的是爷爷啊！

但那垂钓的渔翁穿着古代的服装，延年总觉得不像。因为祖父从未穿过渔夫的蓑衣，更没有戴上斗笠出门。他不知道，这是祖父晚年的理想。

孙子延年在他管教下，从小也写起了毛笔字。

1909年春天，延年11岁，入安庆尚志小学读书。同学中有一位枞阳人叫何子诚，他发现延年读书勤奋，课余总在看新鲜的书，像《水浒》《说岳》《杨家将》《薛仁贵》等。〔何子诚先生是明代宰相何如宠后裔，20世纪60年代任枞阳县副县长，70年代初与笔者是枞阳县人委会邻居。据其儿子何喜告诉笔者，"文革"中，陈独秀的小儿子陈松年先生在安庆砖瓦厂工作，他父亲（何子诚先生）曾带了芝麻粉等去看望他。〕

一日，尚志小学教师汤葆铭（保民）出了一个《四书》上的句子，作为作文题目。汤老师刚在黑板上写出上半句，延年在堂下已讲出下半句。汤葆铭老师吃了一惊，没有想到延年读过《四书》。他停下笔对延年望了一眼，说："你知道就摆在肚子里，不要讲。"那意思，我正在问同学，你说出来，我还问什么呢？

下课后，同学们都夸奖延年，说他了不起，老师还没有教，就知道了。

受到同学们的赞扬，延年心里乐滋滋的。这以后，汤老师每问问题，延年明明知道答案，也默不作声。等问了好几个同学，都答不上来时，汤老师就喊延年起来回答。

汤葆铭刚从上海中国公学毕业，与胡适同学，20来岁。12年后，1921年夏天，胡适到安庆讲学，汤葆铭参与接待，并陪胡适上了安庆振风塔。那时，延年和乔年已经去了法国。

## 5. 祸根

昔凡酷爱收藏古玩，不惜花很多钱去收购。他开的古玩店，初衷也包括营利，但他收藏古玩，多半是为了自己的赏玩，提一点兴头。偶尔兴致上来，他喜欢陈列人前，与友人一起欣赏。遇到贪心的人，假借一二，昔凡也大方出手，一旦借出，从未收回。昔凡酷爱绘画，每年费资不少，加上乐于助人，接济乡邻，所以家中生活并不富裕。

在家闲住了一时，昔凡不耐寂寞，去浙江看老朋友、浙江巡抚曾子固，顺便看看有没有赚钱的事情。不料这次去浙江，昔凡不仅没有赚上一分钱，还种下了祸根，弄得鸡飞蛋打，导致后来家道败落。

曾子固是昔凡在东北做官时前任州官，与昔凡是换帖弟兄。昔凡来看他时，正好遇到一姓姚的通事在座。姚通事正在帮英国商人找黄豆货源，他见昔凡阔面大耳，曾是东北的道台，打起了他的主意。在姚翻译的怂恿下，曾子固和陈昔凡同意到东北收购大豆，因为东北是他们当官的地方，收购大豆并非难事。但考虑与洋人做生意，涉及外交，提出英国商人不得私自去东北收购大豆，以免抬高价格。同时，英国商人向他们二人提交一笔垫金。英国商人针锋相对，提出中国政府要提供曾子固和陈昔凡两人的信誉担保，同时要陈昔凡和曾子固两人用家产作预付资金的信押。这样，英商实际上把中英两国政府牵了进来。陈、曾二人觉得，自己是做正当生意，不怕生意做不成，而英商要求合情合理，便以"浙江省华商大益公司"名义，与以"上海怡德洋行"名义的英商，签订了代购三万吨大豆的合同。

不料，英商违背条约，私自派人去东北收购大豆，引起东北大豆价格猛涨。

东北大豆上涨后，按原约收购大豆，陈、曾两家要亏血本。昔凡和曾子固惊慌失措，慌忙去调查，一调查，发现英商私自派人在东北收购大豆，是东北大豆价格上涨的原因。生意做不下去了，陈昔凡、曾子固在掌握了英商私自收购大豆的证据后，在上海提出诉讼，告英商违约。官司最后胜诉，判决取消合同，陈昔凡、曾子固交还英商预付金了事。

不料在办理上述手续时，姚通事站在英商一边，利用陈昔凡、曾子固不懂英文，在文件上做了手脚，使退金收据与原约不符。也就是说，退给英商的预付款，在昔凡看来，已经按合同书退光，但英文文书上面，远远不止这个数字。当时，陈昔凡、曾子固并不知情，以为此事已了结，不知留下了一个祸根，此是后话。

1909年秋，在杭州浙江陆军小学任国文、历史、地理教习的陈独秀，得到哥哥孟吉在沈阳去世的噩耗。10月3日（旧历九月初九），孟吉因肺病在东北去世。陈独秀"仓猝北渡，载骨南还"。在沈阳寓所，陈独秀写下了悼念兄长的长诗《述哀》。

孟吉在东北这几年，陈独秀或在芜湖，或在日本，两人一直没有见面。上次孟吉回安庆过年，见延年聪颖好学，博学强记，加上祖父昔凡喜欢，把延年带到沈阳住了一阵子。奉天绿林头目张作霖，见是陈昔凡的孙子，还抱了延年。没有想到，孟吉世寿不永，客死他乡。孟吉大陈独秀八岁，去世时才38岁。和陈独秀一样，孟吉科举业不顺，仅仅考取秀才。他在1897年与弟弟一起参加江南乡试，落第后，放弃了举子之业。

陈独秀送孟吉灵柩经沈阳取道上海，从水路运回安庆。到了安庆，一家人少不了又是一场恸哭。

去十里铺叶家冲老祖山（今陈独秀陵园）下葬庆元棺木时，11岁的延年、9岁的筱秀和7岁的乔年，随父母、婶子张氏、堂兄遐年等一起上了山，婶子张氏胞弟张啸岑，也到十里铺叶家冲为姐夫送葬。

放过鞭炮、烧过纸钱，小孩和大人依次向新坟跪拜。

陈独秀送庆元灵柩回安庆后，嗣父昔凡已卧病在床。倒卖黄豆生意的失败和孟吉的死，一连串的事发生，对暮年的陈昔凡是个沉重的打击。凄风楚雨，陈家已呈衰微的征候。

就在这时，陈家来了一位年轻的客人，使陈家恢复了一点生机。

## 6. 姨妹高君曼

这位客人，就是高氏同父异母的妹妹，在北京女子师范学校读书的高君曼（小名"小众"）。高氏小时候，受继母亓氏虐待，父亲高登科把她带到安庆，在自己身边抚养。但高氏并不迁怒于同父异母的妹妹高君曼，视其为一娘所生。

高君曼1888年出生，小陈独秀9岁，这一年21岁。姐姐不识字，给娘家的信，都是丈夫陈独秀代笔；娘家人多不识字，都由高君曼回信，一来二往，高君曼和姐夫陈独秀便直接通信了。高君曼不仅欣赏姐夫一手漂亮的毛笔字，也对姐夫的革命活动和留学生涯十分敬佩。她在北京女子师范学校读书毕业后，没有事做。离开学校，她急急忙忙到安庆，一则是父亲任副将的地方，二则是姐姐的家，最重要的是，可以见到一向敬佩的姐夫陈独秀了。

祖父在外面闹了不愉快、伯父去世，延年、乔年兄弟情绪也受了影响。姨妈来了，延年和乔年十分高兴。长年在外面的父亲回来了，又来了姨妈，家里一下子热闹起来。姨妈在京城读书，知道许多外面的故事，9岁的筱秀，更是缠着姨妈问东问西。京城的故事，在他们的耳里，个个都新鲜。

姐姐没有读书，谢氏也一个字不识，而高君曼不懂家长里短的话，所以她们和高君曼都谈不了几句话。不知不觉，高君曼和姐夫的话多起来。两人都是接受新思想的人，高君曼平常崇拜的人，差不多都是姐夫的熟人，一句牵出一句，一个人带出一个人，两人有说不完的话。

高君曼愣神地望着眉飞色舞的姐夫讲东扯西，偶尔，姐姐进来拿东西也没有在意。看到高君曼兴奋绯红的脸颊，高氏的脸色顿时暗淡下来。凭着女人的直觉，高氏看出，和自己不多话的丈夫喜欢上小妹了。

本来，高氏和陈独秀的话就少。现在，高氏的话更少了，初见妹妹时的喜悦也逐渐地消失，这时恨不得小众早一天离去。但毕竟是同父异母的妹妹，怎么说得出口呢？何况，丈夫不至于就做出有失体面的事来！因为姐姐默不作声，陈独秀和高君曼仍然没完没了地在一起

高　氏

唠叨。

　　延年发现，平常，父亲回来在家时间很少，自从姨妈来了后，父亲的腿像被人绊了似的，在家时间多了起来。其余的时间，陈独秀仍然是和朋友们一起聊天，高谈阔论国内外的事情。但不管怎么说，这个春节对陈独秀来说，是在家中度过的最愉快的春节。

　　和陈独秀的愉快截然相反，高氏常唉声叹气，愁眉苦脸，有时无缘无故地发脾气。延年隐隐约约地感觉到，这个家自姨妈来了后，笼罩着一种说不上来的气氛。他似乎感到，家里会闹出事来。延年朦朦胧胧，希望姨妈尽快离开这个家。昔凡公也很少提笔写字作画了，他唉声叹气的次数也逐渐多了起来。

　　不久，陈独秀和小姨妹超越了雷池，偷吃了人生禁果。一向三从四德的高氏，终于大闹起来。南水关和门前的长江一样，波浪起伏，不再平静了。

　　和她们姐妹的名字一样，"小众"失道寡助，"大众"得道多助。陈昔凡和谢氏都站在媳妇一边，骂陈独秀："翻生货！翻生货！"这是当年白胡子爹爹骂陈独秀的话。

　　事情闹开后，高君曼如坐针毡，受不了众人的指责。她在陈独秀面前哭泣，要他带她离开安庆。陈独秀知道自己闯了祸，新年伊始，带高君曼一起去了杭州。

　　陈独秀离开安庆时，高氏已有身孕。第二年孩子生下地，是个男孩。昔凡做主，取谱名陈遐松，即陈独秀第三子陈松年。

松年是高氏和陈独秀生的最后一个孩子。由于妹妹横插一杠，她和陈独秀的姻缘已尽，从此只是名分上的夫妻了。

## 7. 安徽都督府秘书长

在杭州，陈独秀因为心情好，带高君曼游山玩水，作了许多诗。朋友们发现，陈独秀的心情和诗风都发生了变化。朋友苏曼殊在南洋教书，陈独秀给他去信，附上自己作的诗，希望苏曼殊吟诗唱和。就在陈独秀与高君曼在杭州过着清贫、安静的日子时，辛亥革命爆发了。陈独秀家乡安庆是安徽省会，成为最先响应辛亥革命的地方之一。

1911年年底，辛亥革命胜利后，安徽新任都督孙毓筠给陈独秀拍了一份电报，嘱他赴皖，任都督府秘书长。早在1905年暑假，陈独秀还在芜湖教书时，曾与朋友一起作淮上之游，认识了淮北人孙毓筠。这个电报，给陈独秀和新夫人在杭州的清贫而幸福的日子画上了句号。他接到电报，即与高君曼绕道上海回安庆。在上海，贵妇人们对于辛亥革命议论纷纷，说要"掉脑壳"，陈独秀听了哈哈大笑。

陈独秀在日本，与国民党一班人很少来往，认为他们多半是鸡鸣狗盗之徒。受章士钊的影响，他参加了受光复会控制的暗杀团。因此，他虽然与张继是朋友，但与孙中山、黄兴几乎没有接触。但辛亥革命取得胜利，孙毓筠电邀陈独秀去安徽任都督府秘书长，陈独秀并不反对。毕竟，在反对清朝政府这一点上，陈独秀和国民党是一致的。

离开西湖，离开这里的朋友刘三（刘季平）、沈尹默等人，陈独秀并没有什么遗憾。直到很久以后，陈独秀才意识到，在杭州与高君曼在一起的日子，是他一生不能再有的美好时光。

到安庆后，陈独秀、高君曼住到了市中心的宣家花园，这里离都督府（后为笔者的母校安庆市第六中学）很近，离大南门南水关老房子，要走十多分钟的路。院子里一角一直活到今天的百年银杏，见证了当年发生在这里的故事。

延年、乔年见父亲和姨妈住到了外面，心里很不舒服，但因为年龄小，说不上话。见母亲整天掉眼泪，兄弟俩和父亲的隔阂逐渐加大了。

和陈独秀一起去日本留学的潘赞化，也觉察到陈氏父子关系淡漠。但他觉得，陈仲甫奔走革命，所以在家时间少，说明仲甫公而忘私；是环境影响了他们父子的感情，并不是仲甫天生没有人情味；而且，延年、乔年兄弟对父亲缺少感情，或许与母亲先入之言有关。

父母的婚姻波折，对延年产生了很大的影响。少年时代，他就发愤读书，立誓在书本里寻找一条道路，做一番大事业。幼小的松年对大哥延年发愤读书印象极深，晚年还说："延年读起书来日夜不停，好像着了迷一样。"他哪里知道，大哥刻苦读书，与父母婚姻的破裂给其伤害也有关系。在延年幼小的心灵里，除了读书识字，他不知道还有没有其他办法可以去帮助母亲。

1912年1月初，陈独秀走马上任，做了安徽都督府秘书长。他的性子急，有嗣父陈昔凡遗风，恨不得一日干三日的事，常和科里同事发生口角。孙毓筠本人也认为，革命已经成功，其他的事情可以慢慢来。这些与陈独秀闹矛盾的人，纷纷到都督孙毓筠面前说三道四，使陈独秀与孙毓筠也闹了矛盾。当时，安徽的庐州、芜湖、大通三处军政分尉不听孙毓筠的指挥，形成割据局面。见孙政权内外交困，加上孙不支持他的兴皖计划，陈独秀将秘书长位置让给了李光炯，自己去新恢复的安徽高等学堂任教务主任去了。

5月，喜欢抽鸦片的孙毓筠去北京，接受袁世凯重金聘任为高级顾问。6月底，柏文蔚不得不到安庆，接替孙毓筠，担任安徽都督兼民政长。在柏文蔚的邀请下，陈独秀离开安徽高等学堂，再次回到都督府做秘书长。

就在这时，陈家灾祸来临。

## 8. 二次革命失败

一日，14岁的延年喘着粗气来到都督府，对父亲说，爷爷要你赶快回家，有事找你。

陈独秀大吃一惊，嗣父为了小姨妹的事，声称要和他断绝父子关系，不是要事，是不会叫延年来喊他的。而且，延年几乎不到都督府来。

陈独秀急急忙忙走了20分钟，随延年赶回南水关。到了家，陈独秀才知道，两年前和陈昔凡签合同做大豆生意的英商，利用辛亥革命后浙江巡抚倒台之机，通过英国官方向中国政府施加压力，要求陈昔凡、曾子固交还收购大豆的定金。陈昔凡接到英商诉讼状，吃惊不小，只好让孙子延年叫回陈独秀，商量对策。

陈独秀见了诉状，感到事态严重。他建议嗣父赴上海，与英商怡德洋行交涉。不得已，昔凡带病去上海查阅文字，方知当年上了姚通事的当。姚通事利用陈昔凡与曾子固不懂英文，在当年官司文字中做了手脚，让陈昔凡、曾子固二人退还的预付金数字少，与实际金额不符。白纸黑字，陈昔凡、曾子固有口难辩。迫于法庭判决，二人只好按"约"赔偿预付金，用契约财产顶了"债务"。

因为是被人陷害，陈昔凡回安庆后，忧愤成疾，病倒在床。

谢氏几次找曾子固交涉求情，保下了南水关两幢房子及贵池300亩卖不掉的孬地。陈家交不足部分，由曾子固代为补交结案。当时陈家在北京、奉天的古玩店因不在合同信押之内，得以幸存。

陈乔年后来问祖母谢氏东北田产情况，谢氏忌讳说出昔凡破产的事，说，"路太远，顾不上了"。

昔凡在和英商人签约时，没有预押全部家产。除了贵池的田，安庆四牌楼从胡玉美店面朝西走17家店面等，仍然保留了下来。

陈昔凡败诉后，陈独秀心绪不宁，高君曼产期又临近，于是他辞去都督府秘书长职务，仍兼安徽高等学堂教务主任一职。

1913年5月18日，昔凡公去世。陈独秀和谢氏、邵氏（陈昔凡侧室）一起，在家设了灵堂，将昔凡公灵柩临时厝在家中。

夏天，袁世凯任命孙多森为安徽民政长兼安徽都督后，陈独秀和柏文蔚到南京暂住。7月7日，国务代总理段祺瑞呈报，批准安徽都督府秘书长陈独秀辞职，但在此之前，陈独秀已等候不及，携高君曼和一岁的女儿子美离开安庆。他在辞呈中说："旧病复发，迫不及待。"

在南京，陈独秀和柏文蔚避客而居。天气大热，每日黎明，柏文蔚乘船去府城桥下纳凉，夜深始归。

"二次革命"开始后，黄兴发表讨袁通电，柏文蔚出任安徽讨袁军总司令。陈独秀和柏文蔚一起回到安徽，陈独秀第三次出任安徽都督府秘书长。不久，柏文蔚部下胡万泰叛变，倒向袁世凯，率兵攻打都督府。柏文蔚被迫自安庆南门上船逃离。快到芜湖时，柏文蔚接到报告，说：昔日手下龚振鹏在芜湖"惨杀无度，每日枪决民众不可胜数"，都督府秘书长陈仲甫因其残暴，痛斥其非，袁家声师长也委婉劝说，二人被绑，正拟枪决，张永正旅长以兵力阻止，龚振鹏才收敛，没有立即枪毙，但陈仲甫、袁家声已饱受惊吓。

柏文蔚见到报告，当即停船芜湖岸边，一边警戒，一边写信给龚振鹏说：安庆之变，变于南京溃散也。他提出下一步行动方案，希望龚振鹏来行营当面商量行止。接到柏文蔚的信，龚振鹏很高兴，大声说：为什么都说老柏不好，到了此时才知道好咧。我们到江边去。柏文蔚见龚振鹏神气和悦，毫无恶意，当即同阵登岸，到了龚振鹏的司令部。陈独秀躲过一劫，与柏文蔚一起逃到上海。8月7日，安徽宣布取消独立。

此后约10年，陈独秀没有回过安庆。

### 9. 白泽湖躲难

柏文蔚、陈独秀逃走后，袁世凯任命倪嗣冲为皖督兼民政长。

1913年8月27日，倪嗣冲派统领马联甲带人查抄陈独秀家。病中的谢氏忙乱中，叫延年、乔年到渌水乡陈家老屋躲难。马联甲带人从前门进，延年、乔年从后门逃走。马联甲搜查陈独秀家，由头是陈独秀私造枪弹。

当时，昔凡去世不过百日，棺木还厝在家中。光绪进士、三等侍卫马联甲觉得晦气，不愿在陈独秀家久留。他对陈昔凡遗留的墨宝和古玩感兴趣，以搜查为名临走时抢走了一些古玩字画。为了交差，出门时，马联甲下令将庆元的小儿子陈遐永带走。遐永吓得大哭，直往谢氏怀里钻。谢氏气急地说：他是庆同的侄子。

马联甲答应，如果是侄子，找人来保！

马联甲带走遐永后，谢氏、高氏急得像热锅上的蚂蚁，一边担心关在牢房的遐永，一边担心延年、乔年是否安全。

延年、乔年离家后，冒酷暑忍着饥渴，往东北方向走，逃往渌水乡堂亲遐文家。遐文的妈妈把床拉开，在床里边搭个铺，把蚊帐撑着，让他们在里面睡了三夜。遐文和延年同龄，这一年15岁。延年、乔年避难住在他家，大人愁容满面，生怕招来横祸。遐文却浑身是劲，不时地跑进跑出。晚上，乡下到处是青蛙鼓噪的声音。陈遐文带着延年兄弟俩，到塘边玩耍。延年兄弟白天被关在家里，正闷得慌。晚上乡村的荷塘夜色，十分幽静，缓解了抓人抄家的紧张气氛。

后来倪嗣冲、马联甲发现遐永确系陈独秀侄子，同意由保人出面，交了点钱保出。谢氏见风声小了，叫人到乡下把延年、乔年找了回来。

遐永被保出来后，遐文一次送东西去南水关陈家大洋房，谢氏和高氏一定要他住几天。乔年见遐文来了，特别高兴，将自己一套唱戏家伙搬了出来，摆给遐文看。他拿了一大挂黑胡子叫遐文戴，遐文是乡下人，害丑，笑着摇头。乔年见遐文不戴，自己戴上黑胡子，挂了一会儿后，又戴上白胡子。遐文不知道乔年为什么换胡子。乔年解释说，伍子胥过不了关，一夜把胡子急白了。（《陈遐文谈陈独秀》，载《陈独秀研究参考资料》第1辑，安庆市历史学会、安庆市图书馆编印，1981年，第92页。）

因为高兴，乔年唱起了"杨家将和薛仁贵"。母亲叫他吃饭时，他才忙着解下身上竹片制的宝剑，脱去小马褂。遐文平时种田没有空上街，难得和延年、乔年玩一玩，母亲见乔年穷快活，也不怪他。

这年冬至，谢氏、邵氏等将丈夫昔凡葬于十里铺陈家老坟山。陈独秀此时在上海躲难，延年、乔年随祖母上山，给祖父新坟磕了头。

陈独秀到上海后，听说家里被抄，侄子被抓，咬牙切齿地说："以我之气，恨不得食其人。"为了生活，他撰写了《新体英文教科书》，以此解决点生活费。现在，没有生活来源的陈独秀，不仅要糊自己的嘴，还要养活与高君曼生的女儿子美、儿子鹤年（哲民）。

陈独秀编的《新体英文教科书》不好销，原定编四册，只好编完两册作罢。这段时间，陈独秀经济拮据，心情不好，对腐败的袁世凯政府绝望。他甚至希望外人打进来，分割中国。

但陈独秀是一个硬汉，家里揭不开锅，就到汪孟邹的亚东图书馆坐一坐，但从来不开口要钱。汪孟邹见他坐的时间长了，知道他缺钱，问他一句："要拿一点钱吧？"陈独秀点点头。汪孟邹拿给他一两元，陈独秀接了，再坐一会儿，就回去。钱虽然少，但足以买点米，可以管一家四口人几天不饿肚子。

后来，汪孟邹对侄子汪原放说："仲叔是一条硬汉。"

## 10.　第五次去日本

1914年7月，万般无奈的陈独秀到了日本，帮助章士钊编辑《甲寅》。章士钊发现，陈独秀牢骚满腹。他建议陈独秀写点文章，把满腹心事写出来，让大家讨论。

借给章士钊的《双杆记》作叙，陈独秀发内心之忧愤，在"叙"的结尾写道："今以予不祥之人，叙此不祥之书，献于不祥之社会。书中人不祥之痛苦，予可痛哭而道之。作者及社会不祥之痛苦，予不获尽情痛哭道之者也。呜呼！"

陈独秀以"独秀山民"笔名在《甲寅》一卷四号发表《双杆记·叙》，同时以"独秀"笔名发表了《爱国心与自觉心》。他从"人心者，情与智二者"出发，由中国人心较乱无情推出爱国心，无智推出自觉心，从而得出"二者"俱无、"国不必国"的不要国家的结论。陈独秀写道："国家国家，示行下法，吾人诚无之不为忧，有之不为喜。吾人非咒骂尔亡，实不禁以此自觉也。"

后来，延年、乔年一度走上无政府主义道路，颇有乃父不要国家的遗绪。

陈独秀的文章发表后，在留日学生中引起轩然大波。一个读者给主编章士钊写信说："以为不知爱国，宁复为人，何物狂徒，放为是论。"

从此，"陈独秀"的名字风行天下。

李大钊这时也在日本，并常常出入章士钊住处，是《甲寅》圈里的一个作者。他觉得陈独秀的调子低沉，应该迅速走出来，焕发青春。为此，李大钊专门写了一篇文章，劝陈独秀"扬木铎之声"。

就在章士钊打算刊登李大钊的文章时，陈独秀因为妻子高君曼生病，离开了日本，提前回国了。李大钊和陈独秀在日本的接触，为他们一生结下的生死之交拉开了序幕。

陈独秀离开中国后，在上海的高君曼拖着一儿一女，生活非常困难。她没有任何生活来源，没有一点积蓄，全靠亚东图书馆老板汪孟邹的一点救济。在忧虑和困难的环境中，高君曼患了肺病，并一天天加重。1915年初夏，汪孟邹从上海来信，告诉陈独秀说，他的妻子高君曼染肺疾咯血，催促陈独秀回国。

这次回国，是陈独秀人生的转折点。在轮船上，他酝酿自己一个人新办一份杂志。跟朋友一起办杂志，自己不能做主，经济收入也没有保证，说不定什么时候，杂志就被停刊了。他打算把杂志的名字叫《青年杂志》，因为救中国，不能靠满脑子旧思想的老人。建立一个崭新的中国，需要接受西方新思想的青年人。

陈独秀决定办杂志，有经济上的考虑。延年、乔年在北京读书，松年和女儿筱秀在安庆，全靠嗣父的一点遗产维持，自己一点忙也帮不上。他不可能向家里伸手，要家里补贴自己，何况，自己与高君曼成家，是违背家人的意愿的。现在走到这一步，可以说是自作自受。如何解决身边的高君曼和两个孩子吃饭问题呢？总不能老是找汪孟邹救济吧？再说，高君曼患的是肺病，这是富贵病，没有足够的营养怎么行呢？

办一个刊物，虽然辛苦，收入管一家人开销，绰绰有余了。以前，陈独秀独自办过《安徽俗话报》，加上与章士钊一起办了《苏报》《国民日日报》《甲寅》，有独立办报的经验和信心。再说，亚东图书馆的老板汪孟邹是自己的朋友，一定会支持自己办刊物的。

这次到日本，陈独秀并没有在《甲寅》杂志和章士钊那里获得多少经济救济。但他终于发了牢骚，怨气得以释放，终于从"二次革命"失败后的人生低谷中走了出来。辛亥革命和"二次革命"的失败告诉他，拯救中国的路还很长。要救国救民于苦海，必须输入西洋的新思想，将国人从习惯了的封建思想束缚中解放出来。而自己这些年摸爬滚打所得，以及在日本读的西方新学，正可以借助办杂志，逐步地贡献给国人。想到未来的事业，陈独秀心灵深处涌起了一种对未来前景从未有过的信心和豪情。孕育中的新生命告诉他，他已捕捉到了人生及中国未来的曙光。

# 第二章　乳燕初飞（1915—1919）

## 1. 创办《青年杂志》

1915年初夏，陈独秀回到上海。因为打算办杂志，陈独秀带家人住到了法租界嵩山路吉谊里21号。

因为不能预知《青年杂志》的发行情况，汪孟邹以事情多为由，婉言拒绝发行该杂志。但作为朋友，汪孟邹介绍群益书社陈子沛、陈子寿兄弟来发行陈独秀主编的《青年杂志》。群益书社提出，陈独秀每月得编辑费、稿费200元，月出一本杂志。陈独秀满口答应了，有200元收入，一家人不仅可以饱食无忧，而且可以把在安庆的延年、乔年接到上海来，减轻一点嗣母和高氏的压力。

几年后，汪孟邹为把《青年杂志》拱手相让而懊悔不及。

9月15日，16开本的《青年杂志》月刊第一期问世，开始发行仅千册。陈独秀信心十足地对汪孟邹和陈子沛兄弟说："开始有千册就不错了。有十年八年工夫，《青年杂志》一定有很大影响。"

在创刊号上，陈独秀发表了《敬告青年》（发刊词）一文，提出科学与人权"若舟车之有两轮焉"，举起了科学和民主两面大旗。为避免文字狱，陈独秀提出办杂志的宗旨：改造青年之思想，辅导青年之修养。"批时评政，非其旨也。"他将刊物的重点放在青年的教育上，不得不回避议论政治。

《青年杂志》创办后，陈独秀常买些芝麻糖、花生糖等，放在书桌最底一层抽屉里。到了半上午或者半下午，肚子饿了，吃一点充饥。女儿子美三四岁了，想吃东西，就跑到父亲身边，在桌下抽屉里拿东西吃。父亲写文章时，不喜欢别人打搅，女儿是个例

1915年9月陈独秀创办的《青年杂志》

外。有了吃的东西，她也不干扰父亲了。有时候，陈独秀写文章入神，听不到旁边女儿"喀嚓喀嚓"吃个不歇的声音。

每到吃饭的时候，子美总是说，"肚子痛，吃不下"。

环境好转后，陈独秀安排在北京法文高等学校读书的延年、乔年到上海公立法文协会读书，自己可以照应一点。延年18岁，乔年14岁，兄弟俩仍然可以互相照应。

延年和乔年正在安庆全皖中学读书，接到父亲的信，欢天喜地，立即起身来上海。以前，大伯父带延年去过东北，乔年也梦想出远门呢！上海是青年人向往去的地方，他们兄弟俩早就渴望闯一闯了。

母亲高氏对兄弟俩要突然离开，既高兴又舍不得。两个小伙子，正是能吃的时候，他们俩吃的饭，比其他家人加在一起的还要多。他们出去养活自己，家里的负担一下子减轻了一大半。他们走后，家中还有女儿筱秀和小儿子松年，有昔凡公留下来的店面和田产作为生活来源，日

子就好过多了。

沿着父亲走过的路，兄弟俩从此开启了闯荡人生的艰辛历程。

延年、乔年来到上海。就在陈独秀准备甩开膀子大干一场的时候，偏偏遇到一场人祸。

原来，《青年杂志》办了几期，读者增多，销量大增。买杂志的青年越来越多，陈独秀的事业如火如荼，从而引起上海青年会的嫉妒。他们所办的刊物《上海青年杂志》被《青年杂志》一压，没有了销量。为了自己的杂志，他们写信到群益书社，指责《青年杂志》和他们的杂志名字雷同，奉劝《青年杂志》及早更名。这差不多是中国第一个"署名权"官司。没有办法，陈独秀只好在出版一卷六期后，于1916年夏天暂时停刊了。

## 2. 北大文科学长

延年、乔年刚到上海时，和父亲、姨妈住在法租界嵩山路吉谊里21号。《青年杂志》停刊后，经济再次陷入低谷，陈独秀脾气大，延年、乔年半工半读，就搬出来独居了。祖母谢氏想念两个孙子，到上海看望，因两个孙子不和陈独秀住一起，不得不派人到处寻找延年、乔年。

汪孟邹听说后，责怪陈独秀，不该把延年、乔年放到外边，没有和他们一起住。但陈独秀觉得，这个社会本来就险恶，青年人应该吃点苦，吃点苦有好处。孩子从小不吃苦，将来怎么办？

高君曼背后对汪孟邹说："我留他们弟兄俩住家里，老的不同意，小的不愿意。传出去，都是我不好。"高君曼心里过不去，也怕外面说闲话。汪孟邹走后，高君曼在陈独秀面前说，还是让孩子回来住吧，怪可怜的。但陈独秀说，你这样做是姑息养奸呐！

一天，陈独秀好友、邻居潘赞化来坐。碰巧陈独秀不在家，高君曼说起陈独秀不让延年兄弟回家住的事，眼泪就掉下来了："仲甫性情与人不同，为延年兄弟不在家住食，我也苦说数次，他总不以为然，说姑息养奸，不可！不可！也因此事吵嘴多次，望你以老友资格代我恳求仲甫，让延年兄弟回家，说起来，他们是我姐姐的孩子，小子何辜，我是他们姨母，又是继母，他们也很驯实，我以名义上及感情上看待他兄弟，犹如我所生，他们兄弟在外面，视我亦如其母。今不令其在家住食，知之者不言，而不知者谁能谅我？"说罢，高君曼流泪不止。

潘赞化和陈独秀曾经一起去日本留学，一起在安庆发起藏书楼演讲，不是外人。他安慰高君曼说："仲甫的脾气，认准的事，几头牛也拉不回来，我哪天试试说几句。"

隔日，潘赞化到陈独秀家坐，谈起延年、乔年的事，陈独秀知道是高君曼在潘赞化面前说了话，生气地说："妇人之仁，徒贼子弟，虽是善意，反生恶果，少年人生，听他自创前途可也。"（*潘赞化：《我所知道的安庆两小英雄故事略述》，载《陈独秀研究参考资料》第1辑，安庆市历史学会、安庆市图书馆编印，1981年，第204页。*）

潘赞化说服不了他，便转了个话题，说别的去了。但事后一想，仲甫的话也不无道理，这个社会，是有钱人的天下，穷人无所依靠，倘若再娇生惯养，将来吃亏的还是自己。

1916年9月15日，陈独秀恢复办刊，将《青年杂志》名字改为《新青年》，出版商仍然是群益书社。《新青年》出版后，不仅销量不比《青年杂志》差，而且远远超过了陈独秀和出版商的预想。11月26日，陈独秀和汪孟邹同车离沪北上，打算筹集资金，合并亚东和群益书店，成立书局，为扩大《新青年》的规模创造条件。

一天，在杭州教书时认识的朋友沈尹默（原名沈君默）在北京琉璃厂附近遇到了陈独秀。他大喜过望，立即建议陈独秀离开上海，到北大工作，并请北京医专校长汤尔和向北大新校长蔡元培推荐。陈独秀和蔡元培在辛亥革命前就认识，两人同是光复会暗杀团的成员。吴越牺牲后，蔡元培在上海主持悼念烈士追悼会，还提到陈独秀在此前寄来的烈士遗物呢！二次革命失败后，蔡元培偕夫人赴法，一去三年，因此没有看到陈独秀主编的《新青年》。这次回国到上海，已听人谈到。他到北大，是想在北方宣传革命。因此，他欣然接受了汤尔和、沈尹默的推荐，亲自到旅社，邀请陈独秀任北大文科学长。

考虑北大是名牌大学，月薪300元，而且可以在北京继续办《新青年》，并有钱玄同等人支持，于是陈独秀接受了蔡校长的聘请，同时他推荐了在美国读博士的未见面的朋友胡适也到北大教书。

这次北上，书局招股十余万元，南方认股数万元，加上亚东、群益旧有财产，共有三十余万元资金，因此书局成立在望，也不负汪孟邹此行。

### 3. 仲叔心太忍了

知道陈独秀去北大任职，高君曼十分高兴。唯独把延年、乔年丢在上海，高君曼有些不自在。近一年时间，延年兄弟俩在外自谋生活，边打工边学习，晚上住《新青年》社编辑部。他们常蓬头垢面，饿了啃大烧饼，渴了喝自来水。但兄弟俩有骨气，从来不伸手找父亲要钱。

受高君曼影响，陈独秀嘱咐汪孟邹，自己去北京后，每月从《新青年》发行费中拿出十几元补贴延年、乔年。到北大后，文科学长月薪300元，加上《新青年》每期200元编辑费，陈独秀的收入已很可观，可以补贴一点给延年、乔年兄弟。汪孟邹连忙答应了，说："应该！应该！小弟兄俩怪可怜的。高君曼有怜悯之心，堪称女中之杰。"

邻居岳相如是安徽凤台人，1908年参加过安庆马炮营起义。他听说陈独秀、高君曼要搬到北京去，过来贺喜。陈独秀说："教授没有干过，能干就干下去，不能干，三个月后还回来。"陈独秀总觉得自己的个性并不讨别人喜欢，难以见容大学。

1917年1月13日，北大校园贴出蔡校长任职后的第三张告示："本校文科学长夏锡祺已辞职，兹奉部令派陈独秀为本校文科学长。"

尽管黄侃、马裕藻等人反对陈独秀任北大文科学长，但沈尹默及部分安徽籍同乡支持陈独秀，加上陈独秀写过《字义类列》一类书，所以蔡元培顶住了顽固派教授说陈独秀仅仅会写笔记文一类的东西的压力，说仲甫也有著作，坚持聘任了陈独秀。

经过一番周折，陈独秀春节后到北大上班，在北京箭杆胡同九号（今二十号）租房住下，《新青年》编辑部同时搬到北京。高君曼及子美、鹤年在住房落实后，迟几个月到北京。

父亲离开上海后，延年、乔年兄弟住在《新青年》杂志发行所（四马路亚东图书馆）店堂，晚上睡地板，白天在外工作，谋生自给。不久，两人搬出去住了。

一天，延年和乔年来亚东图书馆取父亲给的生活费。此时，延年、乔年兄弟在上海公立法文协会读书，依旧影影不离。他们年龄、身材、性格不一样，但穿着同样的蓝粗布长衫，颜色已洗得发白。这衣服，还是母亲高氏在他们到上海前做的，已经穿了许多日子了。

根据陈独秀的意思，汪孟邹每月从陈独秀的稿费中拿10元钱（每人5元）给他们，补贴其生活。汪孟邹给了钱，就在记账簿子上写上一笔。这时，汪原放便忙着倒茶，和延年兄弟说话。

汪原放说："仲叔现在好了，是京城大学的院长了。"

不料陈乔年极不为然，说："父亲名为新文学院院长，实则去做旧官僚耳。"

这话叫汪原放吃了一惊，他没有想到，瘦削的乔年性格这么活泼开朗，说出的话，根本不像他这个年龄孩子所说的。

分别时，汪原放嘱咐他们常来玩。

这以后，每月到亚东来拿零用钱的，总是乔年来得多。乔年来时，并不拿了钱就走，似乎不好意思拿了好处就跑的，总要帮助店员打包、送书、站柜台、开票等，不管什么活他都干。日子久了，汪原放和店里的伙友们都喜欢乔年。

一次，乔年帮助伙友们打包，因使的劲太大，一下把自己的裤腰带崩断了。"啊，真可惜！"一位伙计惋惜道。乔年随手捡起一根打包用的麻绳熟练地搓几下，往腰上一束，代替断了的裤带。他一边束裤子，一边笑着说："这可比裤带牢得多了！"

一句话，逗得汪原放和大家哈哈大笑。汪孟邹在一旁看了，也跟着笑了起来。

"中午在这吃吧？"乔年离开时，汪孟邹说。他知道，延年和乔年在上海的生活十分艰苦，平常难得吃一顿像样的饭菜。

乔年不肯，说："还是回学校吃方便。"

汪原放问："在学校吃些什么？"

陈乔年说："啃上几块面包，如果塞住了，就浇上一点自来水，还不行的话，再加上一点盐。"乔年话说得很随便，好像没有什么奇怪，可汪原放听了，心里很难过。他没有想到，仲叔两个儿子，心肠这么好，过的日子却比自己店里的伙计还差。

看着乔年的背影，汪原放对叔叔说："乔年他们真不容易。"

叔叔说："延年、乔年从小吃苦，将来一定有出息！"但他和潘赞化谈起来，口气就变了，包含埋怨的意思："孩子可怜得很，仲叔心太忍了。"

## 4. 寄销杂志风波

陈独秀到北大后，尽管嗣父陈昔凡已经去世好多年了，在北京的铺子掌柜还找到了陈独秀，请"小东人"赏个脸去一趟铺子。胡适1917年秋天到北大后，听说了这件事，好奇地问陈独秀家在北京是不是开有铺子。陈独秀摇摇头，说："嗣父曾经发了一点财，不久就破产了。而且，因为恋爱和别的事，嗣父生前就和我断绝了关系。"

到北京后，陈独秀与高君曼的关系出现了裂痕。陈独秀鼓吹新文化，反对旧文化，声名鹊起，而各种攻击也随之而来，甚至说他逛妓院，不适合担任大学文科学长。高君曼听信流言，吵嘴时，骂丈夫是"无耻之徒"。陈独秀也不让，骂高君曼"故作清高""资本主义情调"。

那个年代，文化人去妓院是常有的事。胡适在日记里，几次记录了去妓院逛的内容。但他的文字像是调查民俗，并没有记载与妓女直接接触的内容。陈独秀20世纪30年代在国民党监狱中与难友濮德治谈到嫖妓的事，说这是报纸造他的谣。

1919年1月，陈延年和黄凌霜、郑佩刚等人在上海成立了进化社。在这之前，陈延年和陈乔年已接受了无政府主义思想。吴稚晖在上海出版过《劳动》杂志，宣传无政府主义和工团主义。黄凌霜、郑佩刚等人追随吴稚晖，成了无政府主义积极宣传者。与此同时，陈延年和陈乔年常阅读无政府主义刊物《民声》《自由录》《太平》《人群》等。

这些无政府主义刊物于1918年开始相继停刊了，这促使陈延年和黄凌霜、郑佩刚等人发起创办进化社。他们在编辑《进化丛书》的同时，出版了《进化》月刊，轮流任主编。进化社的宗旨是："介绍科学真理，传播人道主义。"

与《新青年》提倡民主和科学不同，《进化》主要内容是宣传克鲁泡特金的互助论，宣扬互助是进化的要素，提倡"各尽所能，各取所需"的无政府、无私产、自由平等的互助生活，与马克思主义阶级斗争学说分道扬镳。

陈延年这时尊崇无政府主义者刘师复，他在《进化》第一卷第三期上撰文《为什么我们要发刊"师复纪念号"呢？》，宣扬刘师复反对旧文化、旧传统的精神。

春日的一天，陈乔年带一个朋友到亚东图书馆，随身拿来了不少书刊。

陈乔年告诉汪原放，这个人叫郑佩刚，是他的朋友。

汪原放忙招呼给客人上茶。郑佩刚是无政府主义的活跃人物，汪原放听说过他的名字。

他们带来一叠《进化》杂志，想请亚东代销。

汪孟邹有些犹豫，因为泰东书局赵老板也同意寄销，考虑是宣传新思潮，答应试试代销一段时间。

汪原放发现，乔年拿来的这些书刊销路很畅。他偶尔翻翻，觉得很有趣。

5月的一天，英租界的英国巡捕头带了两个华捕来，把汪孟邹抓了去，罪名是为无政府党人推销书刊。与此同时，巡捕还逮捕了泰东书局老板赵南公。当时，北京正在闹五四运动，上海租界当局加强了对新思潮的清扫，包括清理书摊上的进步杂志。

出事这天，郑佩刚到陈延年和陈乔年兄弟住的成都路一间小楼。陈延年告诉郑佩刚，泰东书局赵先生和亚东书局汪先生都给英巡捕逮捕了，并叫他赶快躲一躲。郑佩刚听了，急忙离开陈延年的住所。但是，当他走到宝昌里《救国日报》社门前时，就被巡捕逮捕了。

后经过汪原放等人活动，缴了罚款，巡捕房放了汪孟邹。赵南公、郑佩刚等人也经人担保，被放了出来。但《进化》在出版三期后，就寿终正寝了。

汪孟邹被放出来后，乔年到亚东图书馆看他，抱歉说："汪叔，这次的事很对不起你们。"汪孟邹胆子小，没有责怪乔年，只是说："你们自己也要注意，别去碰他们。"

### 5. 陈独秀被捕

1919年春天，北洋政府总统徐世昌因不满陈独秀等人宣传新文化，指令教育总长傅坛湘致函蔡元培说，"时论纠纷，喜为抨击，设有悠悠之词，波及全体，尤为演进新机之累"。在这之前，徐世昌也就陈独秀等推动新文化运动，召见过蔡校长。

3月26日夜，蔡元培和沈尹默、马叙伦去北京医专汤尔和处商谈陈独秀的事。最近，北京沸沸扬扬传言陈独秀逛八大胡同。根据汤尔和等人建议，蔡元培犹豫再三，决定趁学制改革、撤销文理科界线之机，免去陈独秀文科学长一职。

胡适听说后，深怪汤尔和、蔡元培两个校长不该听信谣传。但他不好将账记在蔡元培身上，只怪沈尹默、马叙伦在后面捣鬼。

4月8日，蔡元培召集文理科教授会议，通过"文理科教务处组织法"。文理科统由教授会领导，教授会主任由文理科主要教授轮流担任，马寅初被推为教授会主任（教务长）。从此，中国的大学不设学长制，改为教育长制。

三天后，由北向南而行的陈独秀遇到回寓所途中的汤尔和，不禁脸色铁青，怒目而视。汤尔和不是滋味，匆匆低头而过。汤尔和心里说，亦可笑也！

不久，五四运动爆发。陈独秀因为被撤去北大文科学长职务，每天写鼓动学生起来革命的文章。6月10日，陈独秀亲自到中央公园等处散发自己起草的《北京市民宣言》。北洋政府大为恐慌，视为"扔炸弹"，严命警署迅速捉拿印发传单的人。在这之前，京师警察厅已向北京各警察区署发出密令：严密监视陈独秀、李大钊、邓康、陈为人等人。其罪名是以印刷物品传播过激主义煽惑工人，在大沟头18号设立印刷机关妨碍治安。

第二天午饭后，陈独秀穿了一套白色西装，戴上礼帽，随身带了一筒传单出门。他直奔新世界游艺场而去，没有想到有什么危险，口袋里蓝公武教授给他的信也没有拿下。

胡适与陈独秀、高一涵两位安徽同乡西装革履在游乐场吃茶聊天。正在说话时，陈独秀突然从他的上衣怀里取出一些传单来向其他桌子散发，传单上印着《北京市民宣言》。陈独秀叫胡适和高一涵先离开，他一个人穿过人群直奔新世界顶部露天平台。

下午两点，一个叫朱霞的巡警神色慌张地找到巡官刘永德、邓海熙，从口袋里拿出一张刚捡到的传单。两名巡官发现陈独秀形迹可疑，尾随他到了新世界顶部露天平台，然后快步向前，一边一个扭住陈独秀左膀右臂。陈独秀大吼大叫："暗无天日，竟敢无故抓人。"

一名巡官从陈独秀身上搜出一筒传单和一封蓝公武给他的信，几个人见抓到了陈独秀，警官与侦缉队洪分队长发生了争执。警官人多，强行将陈独秀押往警察厅外右五区警察署解宪厅。

本来，总统徐世昌迫于学生运动，6月10日免去曹、陆、章职务，6月11日提出辞职。这天恰好抓住陈独秀，徐世昌立即收回辞意，只是换了内阁总理，由龚心湛接替钱能训。陈独秀的被捕，无意中保住了徐世昌总统的宝座。

陈独秀被捕消息披露后，北京《晨报》《北京日报》刊出了陈独秀被捕的消息。上海的《民国日报》全文刊出《北京市民宣言》，发表《北京军警逮捕陈独秀——黑暗势力之猖獗》的时评，趁机给北洋政府施加压力。南北为营救陈独秀闹出一大堆事来。

胡适发现，在热心营救陈独秀的人中，不少是旧派人物，如马通伯就是被陈独秀称为十八妖魔的桐城派传人。辛亥革命后，马通伯任安徽学堂校长，陈独秀任教务长，两人闹过矛盾。

9月上旬，徐世昌派许世英到上海，与孙中山谈判。五四运动差一点推翻北洋政府，徐世昌做出让步，希望南北实现和平统一。孙中山对许世英说，"独秀我没有见过，适之身体薄弱点，你们做的好事，很足以使国民相信我反对你们是不错的。但是你们也不敢把他们杀死；身体不好的，或许弄出病来。只是他们这些人，死了一个，就会增加五十、一百。你们尽管做着吧！"（《胡适往来书信选》上，中华书局1979年版，第77页。）虽然孙中山没有直接说要他们放人，但语气很明显，正话反说，欲擒故纵。当时，谣传很多，孙中山以为胡适也被捕了。这年5月，胡适到上海接杜威，拜访了孙中山，两人还探讨了知行观。

许世英见孙中山这样说，忙说："不该，不该，我就打电报去。"

9月16日下午四时，陈独秀被保释出狱。出狱前，陈独秀填写了保状，承诺举行重大行动，须得北洋政府批准。

## 6. 以党人资格漫游世界

陈独秀被捕期间，在上海的延年和乔年兄弟正积极地筹划赴法国勤工俭学。

1919年9月10日，上海的《时事新报》刊登了《留法勤工俭学预备科之组织》，引起了兄弟俩的兴趣。该文说："本会在法国接洽布置已有端绪，此时国内正全力提倡制造国货，于应用工艺人才相需更亟，而法币价值低落，预计此时赴法川资及赴法后未入工厂以前一二个月之旅费，共有国币三百元已勉可应用，诚为苦学生留学之绝好时机。"

留法勤工俭学预备科附属中华职业学校，地点在上海法租界霞飞路尚贤堂对面。学生白天学习法语，夜间学习工艺。每人每月纳费10元，包括膳宿费。最吸引人的是，学习之后，该会照料勤工俭学者去法国，介绍入工厂做工。

在法国勤工俭学，起源于李石曾在法国设立豆腐公司。李石曾也是无政府主义者，此时和陈独秀同在北大任教授。他在法国时，回家乡招收华工，既满足了本公司的需要，又满足了第一次世界大战时法国的需要，一举两得。这以后，李石曾等人广泛宣传出国打工的好处，如增长知识、放大眼光、学习科学技能、学习法国工人的团体生活组织能力、接济家庭、接受西方教育等。

为了鼓动中国青年到法国打工、学习，蔡元培等于1916年在巴黎成立华法教育会，蔡元培任会长。开始，青年人没有兴趣，怕世界大战危及生命，家里人也不同意。1918年欧战结束后，在"工读""劳工神圣"等新思潮的鼓动下，勤工俭学逐渐成了潮流，青年人争先恐后，纷纷出国。此时出国，一无生命危险，二可挣钱，三能学得一些外国语，四可旅游世界……前途一片光明。

这股勤工俭学的热潮，也将陈延年兄弟卷入其中。仅在他们去法国这一年，华法教育会名册上勤工俭学的人数就由400人增加到2000人。

决定赴法后，陈乔年对前景很乐观。他估计，即便拿低工资，每日得15法郎，扣掉星期日，每月也有390法郎至400法郎。倘若法国工场提供住处，还节省了住宿费。若不安排住处，兄弟俩可以自己烧饭。

兄弟两人吃苦吃惯了，估计每月每人伙食费约150法郎足够了。扣掉零花钱，差不多每月可以省下150法郎，一年可储蓄1800法郎。上法国中等实习学校大概不成问题，这些学校每年学费约1200法郎。此外，暑假期间，两人可做工挣钱。

按要求，勤工生出国时有许多条件，如是否学过法文、身体是否强壮、技能是否熟习，尤其是经济上要有三五千法郎保证金。前几条，陈延年和陈乔年不担心，但每人三五千法郎的保证金，到哪里去筹措呢？

为了过保证金这一关，一些人找熟人担保。或者，将朋友的支票借来糊弄检查人员。候船期只有十来天了，陈延年、陈乔年没有办法，除了找父亲的朋友汪孟邹、廖仲恺，还找吴稚晖担保自己及朋友李卓、叶奇峰。

1919年11月23日，吴稚晖给上海华法教育会的沈仲俊写信说："今又有陈先生延年、乔年昆仲，李先生卓，叶先生奇峰四位，拟乘十二月初八出发之船赴法，陈先生昆仲为陈独秀先生之令嗣，志行为弟等所敬佩。李先生、叶先生则其挚友。惟四位俭学之费，皆从逐渐筹措，不能骤集四百元，以合新例。但四位到法倘有旅费周折等事，皆能自理，不与华法教育会有关。况此四位在石曾先生亦素佩其人。弟故敢恳先生大力设法为之招待，俾得早日成行，则感祷无量！"

保证金问题落实后，吴稚晖于12月27日再次给沈仲俊写信，帮助陈延年兄弟解决船票，"凤君倩影、陈延年……诸君系以党人资格漫游世界"，要求沈仲俊为陈延年等"觅得船位西行"。"党人资格"，指陈延年和陈乔年是无政府主义者。


## 7. 既做就不怕

1919年12月的一个夜晚，已经到了11点钟，天气寒冷。上完法文班后，潘赞化顶着寒风离校回家。街上人影稀少，远处昏暗的灯光下，一个人影手抚肩背，瑟瑟缩缩向他迎面走来，像是沙漠上一只离群的小羔羊，走近才知是陈独秀的大公子陈延年。潘赞化不禁大吃一惊，仲甫自己在北京遭罪，也苦了自己的两个儿子。自父亲和姨妈高君曼去北京后，延年和乔年兄弟俩继续留在上海，白天在上海法文协会（1919年在上海法文翻译学校）读书或者打工，晚上补习法文，夜里睡在四马路亚东图书馆店堂的地板上。因为没有大人照料，冬穿秋衣，日无饱食，生活十分艰苦。但他们把学习抓得很紧，在法国巡捕房附设的法语补习班学习法文时，兄弟俩获得"法文极佳"的赞誉。

潘赞化因为逃避军阀逮捕，此时也住在法租界内。晚上，与延年、乔年兄弟同在法巡捕房内学法文。

见陈延年身上仍然穿着秋天穿的一件洗旧了的夹呢袍，潘赞化停下问："你不冷吗？"听到声音，陈延年认出是父亲好友、同乡潘赞化。他忙在路旁站住，礼貌地向潘赞化拱了拱手说："还好。"

"到我家去，我给你找件棉衣。"潘赞化见陈延年穿得太少，想到他父母不在身边，其父刚刚出狱，心里不是滋味，生了怜悯之心。自己和青楼女子张玉良结合，遭到许多人反对，却得到了陈独秀的鼎力支持呢！

"不需要，谢谢。"陈延年摇了摇头。他和父亲一样，是个硬汉，不到万不得已，不肯求人。

潘赞化知道陈延年和陈乔年打算赴法勤工俭学，正在刻意吃苦锻炼自己，不再勉强他。他换了一个话题，问："上次，你父亲在北京被京警局长吴炳湘逮捕，不少朋友以同乡关系营救他，你知道吗？"当时，潘赞化作为同乡，也签名参与了营救。

"已听说了一些。"陈延年和无政府主义者吴稚晖、黄凌霜、郑佩刚等人来往密切，主编了几个月《进化》杂志，国内的大事，他们都密切关注。何况，又是父亲被捕，哪能不关注啊！

"你对此事有什么想法？怕不怕？"潘赞化已听说，陈乔年把一些书拿到亚东图书馆寄卖，巡捕房发觉后，将亚东老板汪孟邹逮捕，并罚了款。

"既做就不怕，怕就不做。况且这次学潮的意义千古未有。情况这么复杂，肯定有危险；仁人志士有这么一个机会光荣牺牲，是求之不得的呢，有什么可怕的。"一提到与军阀政府斗争，陈延年一下子打开了话匣子。刚才瑟瑟发冷的延年消失了，仿佛换了一个人，声音也不知不觉地提高了。

　　听了陈延年说的话，潘赞化吃了一惊，想不到一时不交谈，陈延年一下子老成了，说出来的话完全是革命者的话。陈延年1898年出生，今年才21岁呢！

　　"假如同仁救援无效，你会怎么想？"潘赞化的意思是，你父亲的脑袋是随时可能掉的，你可是他的亲生儿子啊！

　　"中国失去一个有学识的人嘛，当然可惜。"陈延年讲此话时中间不停顿，神情看上去十分淡漠，没有悲天悯人的意思。

　　这次见面，是潘赞化最后一次见到陈延年。1959年10月，中华人民共和国成立10周年之际，70多岁的潘赞化带病所写的《我所知道的安庆两小英雄故事略述》完稿，详细回忆了自己40年前的冬夜与陈延年交谈的情景。在文章末尾，他写道："兹当中国共产党领导人民共和国创造无产阶级专政成功十周年纪念日，谨以我所知道的两小英雄故事，作为献礼。"

# 第三章　海外翱翔（1919—1924）

## 1. 赴法勤工俭学

1919年12月25日，冬至后的第三天中午，陈延年、陈乔年在吵吵嚷嚷的声音中登上了停泊在上海杨树浦黄浦码头一艘几万吨的法国邮轮——安德烈朋号轮（又译"央脱来蓬"）。下午一时，轮船起航了。

在上海上船的约五十人，少数人住在三等舱，如湖南人蔡和森、向警予以及蔡和森年过半百的母亲葛健豪等。陈延年、陈乔年、蔡和森都没有想到，不久，他们将为了一个共同的目标，成为志同道合的战友。蔡和森的老朋友李维汉、张昆弟、贺果等是第五批勤工俭学留法生，这时已在法国。他们是1918年到达法国的。

这是中国第九批到法国勤工俭学的学生。至1918年下半年，累计去法国四百余人，他们估计这一年将有一千多人去法国。

留法勤工俭学的学生一船一船地抵达法国，在国际社会产生了很大影响。日本《外交时报》刊登美国人蒲朗逊利发表的文章说："年来，中国学生赴法，每月平均百五十名。法之船公司，特低其船价，法之朝野，复乐一援助云。"美国的许多报纸也纷纷发表文章，主张向法国人学习，开禁华人。

在上海上船的约50人中，湖南人仅蔡和森等6人，男生44人中，安徽人占了大半，其次是河南人。陈延年兄弟是照顾票，住在四等舱，舱中约30余人。每次出国，同船的不下百余人。

船到香港，又上了四十多个学生。原来长不过四五丈、宽不过六七丈的船舱，人货杂放，近百人住一起，更加拥挤，空气混浊。加上机器一路轰鸣，伙食糟糕，学生个个感觉上当受骗，交口大骂上海华法教育会办事的人。晚上，陈乔年将自己的裤脚扎紧，以防臭虫叮咬。

船离开香港后，经海防到西贡停几日，又行三日到新加坡，再航行半个月经科伦坡、吉布提抵苏伊士运河口，停数小时即向塞得港驶去。每到一地停泊，延年、乔年兄弟就随大家一起，下船观光，呼吸当地的空气，顺便观赏一下异域的奇特植物和民俗。

1920年1月28日，一个隆冬的日子里，轮船完成了三万海里的漂流，到达了航行终点城市——法国南部的马赛。2月3日，这一批勤工俭学学生在马赛换乘火车，到达了"世界花都"巴黎。

巴黎塞纳河（作者摄）

这些勤工俭学者，50%以上的人希望学习，到学校安身，尤其希望入巴黎学校学习。陈延年和陈乔年在华法教育会资助下，先入巴黎法文协会学习，1920年，兄弟俩入法国圣梅桑中学，除了补习法文，也学习语文、数学等。1919年，他们离开安徽省第一中学后，在北京法文高等学堂读书。

延年、乔年打算先在圣梅桑中学学习，下半年或第二年投考到巴黎大学所设之PCN班学习。法国学校学制为两三年。

圣梅桑中学不安排学生住宿。陈延年、陈乔年吃苦惯了，打算找一个便宜的旅社住下来。后来，延年兄弟住凯旋门附近哥伯凡街32号。这个旅社房租每月120法郎，比一般旅馆便宜，相当于六七个打工日工资。

1920年初春，还在假释中的陈独秀，违背北洋政府出门需要报告的禁令，悄悄离开北京，去武汉演讲。他绕道上海，才知道延年、乔年已去法国勤工俭学了。他因为婚姻，与原配分开，与两个儿子生分了。但他心里很高兴，两个儿子去闯荡天下，是件好事，总比窝在上海，没有一个正经的职业强。何况，陈独秀一直推崇法兰西文化。他在《青年杂志》创刊号上用的西文不是英文，而是法文。

## 2. 陈延年给北大朋友的信

到巴黎后，陈延年给在北京大学读书的朋友丁肇青（即雄东）写了一封信，其中说："弟已于2月3日安抵巴黎，现即在巴黎大学所附设之Alliance——Francaise校内肄业，教员均系该大学教授兼任，夜日上课四小时，课程系文学、历史、地理、博言学、法国文明史等，学期长短视学生之程度而定，学费每季二百五十法郎。弟预备明年或今年10月间投考巴黎大学，拟经过该大学所设之PCN班，然后再入分科，盖弟欲受完全正式之系统教育也，兄以为迂腐否？校内不能住宿，现在凯旋门附近‘哥伯凡’街三十二号租一间楼房，每月一百二十法郎，屋内有现成的瓦斯炉，故自己弄饭吃，比在外边吃省得多。现在巴黎生活程度，每月至少要五百法郎，乡间则较省俭，每月至少也花二百多三百法郎。”

在轮船上，有的勤工俭学的学生带了《新青年》杂志，互相传看。他们张口闭口，总谈到陈独秀和胡适。见这些青年盲目崇拜父亲陈独秀和胡适，陈延年在给丁肇青的信中表露出不屑一顾。他认为：留学生大都无头脑，华法教育会中人即号称“同志”，也是如此。谈科学尽说些工业农业的门面语，至于科学自身的真价值及其特殊的方法，似一无所知，一无研究。做文章给华工看，竟有抄《新生活》的老文章的，此等人的知识，大概都不出李石曾知识范围以外，取法乎上仅得乎中，彼辈头脑实在还不及李石曾明白。

陈延年给丁肇青写信说：“学生中尚有如此妄人，不说‘是胡某思想好，我与他通过信’，就说是‘陈某真不错，我的朋友与他相好，我也曾见过他’，你相信有如此妄人吗？我也不相信，但是我的眼和耳令我不能不信，且传载华字报，播为笑谈。我劝兄等在国内勿过于失望，到海外来，耳所闻目所见，更有令人失望者。”

丁肇青接到陈延年的信后，觉得此信很有意思，在1920年4月14日出版的《北京大学日刊》上发表。他写《附识》说，陈延年“是个诚实的人，只知道真理，不知道什么叫‘崇拜’，什么叫‘偶像’，所以他的话都是很直率的，都是由他精密的观察由良心上发出来的，望大家不要误会他久已存有反对某人或某派的心思。——他信中所说的胡某就是胡适之先生，陈某就是他父亲陈独秀先生”。

丁肇青本人对陈独秀和胡适也是热心的崇拜者，陈独秀此时已经去了上海，离开了北大，但胡适仍然在北大。胡适看了《北京大学日刊》上刊登的陈延年的信，情不自禁地笑了。对于陈独秀的大公子，他很赞成丁肇青的话，的确很直爽。陈延年的确是一个有个性的青年，他来北京见父亲，拿了名片，也给胡适留下深刻印象。

尽管陈延年否定对父亲的崇拜，但法国勤工俭学的学生给陈独秀和胡适写信的人仍不少，而且也未必都是"妄人"，如蔡和森就给陈独秀写了信，郑超麟就给胡适写了信。蔡和森给陈独秀写信，是请教马克思主义等问题。蔡和森和陈延年同船到法国后，住蒙达尼公学，但蔡和森不上课，每天抱着辞典读法文报纸。1920年5月28日，他给毛泽东写信说："日惟手字典一册，报纸连两页。"郑超麟给胡适写信，谈自己打算翻译法文《文学入门》的计划，胡适回了明信片，叫他寄来看看。但同学中有人怀疑，认为那不是胡适自己写的明信片，可能是别人以胡适名义写的。大家这么一寒碜，连郑超麟自己也稀里糊涂了，因为他把翻译稿寄给胡适，从此没有下文。这事，日后成了旁人的笑谈。

郑超麟1901年出生于福建省漳平县（今漳平市）一个破落的地主家庭。1919年12月初，郑超麟先于陈延年、陈乔年来法国，在圣日耳曼中学补习法文。郑超麟第一次读《新青年》，就是在到法国的轮船上，从外省的同学那里借阅的。他从小读桐城派代表姚鼐编纂的《古文辞类纂》，推崇方苞、姚鼐等人，见陈独秀非圣非孔，在日记里大骂陈独秀。但从此，他喜欢看《新青年》，逐渐地受到陈独秀的影响。大革命失败后，他一直追随陈独秀，成为陈独秀一生忠贞不渝的朋友，此是后话。

### 3. 独秀那个人，你别理他

陈独秀到武汉演讲，违背了北洋政府警察局的戒约。回北京后，为了躲避再次被捕，在李大钊的护送下，陈独秀于1920年年初经天津逃到上海。

当时，章士钊等邀请陈独秀到广东办西南大学。陈独秀到上海时，汪清卫、吴稚晖、章士钊、李石曾等人已先期去广州。陈独秀打算等邮船一到，即去广州与他们会合。在上海霞飞路二二一申江医院，陈独秀与记者说话时，谈到了赴法勤工俭学。

一位记者问陈独秀："李石曾先生提出在巴黎办中国大学，陈先生怎么看？"

"巴黎离中国太远，交通不便，办成以后，有何价值？再说，到国外上中国大学，岂不是自找麻烦？"陈独秀说完，大家一阵哄笑。陈延年和陈乔年到法国，受到吴稚晖、李石曾等帮助，因此，对中国的大学教育，陈独秀感兴趣，隐含着一份对两个儿子的关心。但在法国办中国大学，陈独秀觉得不可取。

5月9日，赵世炎乘"阿芒贝尼克"号轮船赴法勤工俭学，同行的有一百多位青年。赵世炎1901年出生，又叫施英、乐生，重庆市酉阳县龙潭人。1915年考入北平高等学校附属中学，参加了五四运动，被选为附中学生会干事，参加了李大钊等人组织的"少年中国学会"。

临行前，李大钊嘱咐他在国外配合国内开展共产主义运动，并了解法国工人运动的情况和经验。在上海，赵世炎拜访了陈独秀。由于这层关系，中国共产党成立以后，陈独秀委派赵世炎为中共中央驻巴黎通讯员。赵世炎在北京读书，不认识陈延年兄弟。

1920年夏天，金陵大学肄业生陈公培（即"无名"）去法国勤工俭学，陈独秀写了一封信托他带给延年、乔年。陈公培与赵世炎同龄，与毛泽东同乡。

陈公培到法国时，华法教育会请陈延年等人去迎接，住华侨协社。陈公培见到陈延年，拿出其父陈独秀的信。陈延年不看则已，一看却满脸不高兴，说："独秀那个人，你别理他。"说完，陈延年将信随手放进口袋。原来，正在帮陈望道译《共产党宣言》的陈独秀，写信劝延年兄弟，早日脱离无政府主义，转向马克思主义。

在巴黎，陈延年和陈乔年抱着一个伟大的志向，即出国寻求救国之路，而不是去旅游观光，更不是去追求享受。在信仰上，陈延年对无政府主义者吴稚晖、李石曾印象仍然很好，而对父亲陈独秀却不屑一顾。

陈延年的话一出口，让陈公培大吃一惊。他万万没有想到，陈独秀这样一个振臂一呼地动山摇的人，他的家庭却很民主，儿子延年居然可以直呼其名，而且叫自己不去理他。这样的父子关系，让陈公培既新鲜又不理解。但从此，他对陈延年鲜明的个性有了深刻印象：陈延年是一个有自己独立思想、不依靠老子的有作为的青年。

11月23日晚上7时，在沪的北大同人在上海一品香饭馆聚餐，为蔡元培等人赴法饯行。"五四"后，曹锟甚至想以男女同校的罪名抓蔡元培。蔡元培知道北洋政府容不下自己，便接受李石曾等人的意见，赴欧美考察教育。华法教育会近年出现了经济困难，勤工俭学学生难以为继，也需要会长出面解决。

蔡元培是华法教育会会长，又负责留法学生勤工俭学的事，所以高君曼陪丈夫陈独秀出席了宴会，多少表现一下对两个孩子的关心。

和蔡元培同来的有罗文干、汤尔和、张申府等人。1919年春，蔡元培撤销陈独秀文科学长后，接着就出了陈独秀被捕的事。陈独秀因祸得福，不仅没有丢命，反而声名鹊起，这是汤尔和没有想到的。次日，蔡元培、汤尔和、陈大齐、刘清扬、张申府等离申赴法，陈独秀登上拖轮，一直将他们送上停泊在吴淞口的法国"高尔基号"海轮。

## 4. 勤工俭学的危机

勤工俭学在国内蔚然成风后，危机随即到来。

原来，勤工俭学的学生出国时，审查不严，有的学生一句法语不懂，有的身体软弱无力，有的只十五六岁，很多人没有学习技能。此外，规定每个勤工俭学的青年需要带三五千法郎，作为其失业时的维持费。但一般勤工生只带了3000法郎，甚至也有一钱不名的。在验证时，身无分文的用了别人的汇票，或向华法教育会求情，许诺到法国后不为难华法教育会。这些没有带钱的勤工俭学的学生，到法国后，推翻了不找华法教育会的许诺，日日找华法教育会维持。加上第一次世界大战结束后法国经济萧条，不需要增加工人，与出国前学生的预期完全相反。结果，许多学生经济困难。这些学生一月两月、半年一年，每月坐领400法郎维持费。

与此同时，华法教育会资金日日消耗，说是借给学生，却明明是有去无回。这种情况下，华法教育会急切盼望蔡元培等来法处理。

陈延年和陈乔年依靠父亲、廖仲恺等人的帮忙到法，属于自费来法者之一，生活上也靠华法教育会维持。留法的2000人中，少数属于官费生，如周恩来作为天津一家报社记者，有经济来源。他于1920年11月7日由上海乘法国邮船"波尔多斯"号赴法国，比延年和乔年迟一年到欧洲，属第十五批赴法勤工俭学学生。

蔡元培于1921年1月2日到巴黎，为了解决华法教育会危机，10天后，他以中华教育会会长名义发表通告说："欲矫此误，惟有俭学会、勤工俭学会对于华法教育会为部分之分立，由两会学生自行分别组织，华法教育会从旁襄一切。"

这意思是，华法教育会和勤工俭学会是两回事。"从旁襄一切"的意思，就是金蝉脱壳了。

为了早日与学生脱离经济上关系，堵上华法教育会的经济漏洞，过了四天，蔡元培再次发布"通告"，直接说："本会方面，一年以来借贷学生之款，亏空数甚巨，本会原无基金，又无入款，挪借之术有时而穷，而告贷之学生日增无已，今则亏竭已极，万难为继，惟有竭诚通告：华法教育会对于俭学生及勤工俭学生，脱卸一切经济上之责任，只负精神上之援助。"

蔡元培这两次布告，引起勤工俭学学生一阵惊慌。本来，学生听说蔡元培由国内动身前，曾到湖南讲演，为湖南籍的勤工俭学学生筹得省款。所以，留法学生对蔡元培到法国抱着厚望。两个通告发出后，如晴天霹雳，将勤工俭学学生的希望彻底打破。这些人现在大梦方醒，知道自己的经济问题需要自身解决。依赖成性、能力薄弱，最终要大吃其亏。

1月26日，在法国各校各厂勤工俭学学生凑钱派代表到巴黎，商量组织勤工俭学学生会。许多代表无饭吃，两天后推出钟巍、汪泽楷等六人留下，其余回校回厂等候消息。

钟巍等代表集中到巴黎后，中国驻法公使代表、蔡元培、廖领事、高监督等在巴黎总领事馆开会，决定由公使、领事、留学监督、教育会联名，于1月28日早晨致电大总统、国务院、教育部：在法勤工俭学学生千余人，危窘万状，恳政府及各省速筹款项，每人每月津贴四百方，送入学校云云。"方"系法国货币单位，即法郎。

"扶得东来又倒西"，勤工俭学学生在失望后，现在又燃起新的希望，日日盼望国内政府早日寄款到巴黎。毕竟，这是驻法公使和华法教育会等给国内的电报，应该有很大的希望！不料2月上旬，北京教育部复电云："中央政费枯窘，万难设法，已电各省商办。"北洋政府教育部担心学生接受不了，又委婉地说："国内政府已允设法维持也。"这意思是，政府和各省会帮忙，把皮球踢给了政府和各省，只与自己无涉。

勤工俭学学生的希望，就像寒风中的蜡烛火舌一样，欲灭欲续。大家的心里，总不愿意向最坏的地方想，总向着最好的方面去想，尽管这结果十分渺茫。有的勤工生费了很大力气找到了工作，见了这份政府允诺维持的电报，竟信以为真，将辛辛苦苦找到的工作辞了，专等2月底国内的佳音。

## 5. "二二八"事件

1921年春天，延年兄弟在巴黎勤工俭学已经一年了。在与华法教育会的冲突中，虽然兄弟俩没有走在前面，但他们始终关注事态的发展。

开始，周恩来对陈延年和陈乔年等人无政府主义思潮的动向及浪漫主义的革命热情，有过某种同情，后来他逐渐认识到，无政府主义想抛弃一切束缚，要求"彻底的自由解放"，这在阶级社会中，纯属空想。经过比较，周恩来确定了对共产主义的坚定信念。

周恩来最先计划在英国考爱丁堡大学，后因为入学考试在秋天，加上英国生活费用昂贵，便从伦敦回到巴黎。周恩来在巴黎拉丁区住下后，在近郊阿利昂法语学校补习法文，同时在雷诺汽车厂做工。不久，他转到法国中部的布卢瓦镇继续学习法文。学习之余，他以记者身份给天津《益世报》写通讯。他很勤奋，一年即写了五十多篇通讯。这些通讯，详尽报道了欧洲的政治形势、工人运动状况、留法勤工俭学学生和华工的生活以及斗争等情况。

2月27日，李维汉、赵世炎、罗学瓒等组织的工学世界社，根据各代表的要求，在巴黎大咖啡馆召开了留法勤工俭学学生代表大会。勤工俭学会成立，得到热烈响应，王若飞、陈延年、陈乔年都参加了。这是延年兄弟走出无政府主义樊笼的重要一步，赵世炎十分高兴。来法国后，赵世炎先后在巴黎西郊的赛克鲁铁工厂、三得建铁工厂和克鲁梅的乃德尔工厂做工。

2月28日，由于华法教育会决定不再资助留法勤工俭学学生，北洋军阀政府也回电拒绝给予救济，激起广大勤工俭学学生的不满。四百余名勤工俭学学生在蔡和森、向警予、李维汉、王若飞、蔡畅等领导下，到中国驻法公使馆请愿，要求解决求学和发放救济金等问题。他们在《宣言》中说："亲爱的同志：我们的生命问题来了，三月一日就要饿死了……不肯坐守待毙、甘心饿死的，决定要直接行动，不达到我们的目的不止。"

法国当局派出上百名警察以及马队驱赶请愿学生，并逮捕了学生代表。围绕"二二八"事件，周恩来撰写了长篇通讯《留法勤工俭学生之大波澜》，报道"二二八"斗争始末，对勤工俭学学生深表同情。

春天，经张申府、刘清扬介绍，周恩来加入中国共产党八个发起组织之一的巴黎共产党早期组织。巴黎共产党早期组织有五人，其中，刘清扬、周恩来是张申府去巴黎后发展的，陈公培是上海共产党早期组织发展的。这五个人中，只有周恩来与陈独秀不熟悉。

陈延年、陈乔年、郑超麟等是半官费生，没有参加请愿活动。但这件事给陈延年、陈乔年震动很大，他们开始不满法国当局的做法。李立三（李隆郅）、赵世炎因不同意请愿，也没有参加这次活动。事后，学生中有一种流言，说李立三、赵世炎被中国驻法国公使陈箓收买了。

李立三不修边幅，赵世炎经常笑话他："乱七八糟，毛茸茸的像一条大虫，走路常自个儿绊跟头。"

## 6. 争回里昂大学斗争

1921年夏初，徐世昌总统派朱启钤带捐出的10万元到法国，敷衍勤工俭学学生的情绪。驻法公使陈箓煞有介事地组织成立了留法中国青年中法监护处，想做点文章。但此机构成立后，仍没有什么效果，无非继续发维持费，一周一领，每人每日六方。到8月，减为每日五方，以后减为四方，学生们靠此购买面包为生，维持了一段时间。到了9月15日，中、法政府当局不满勤工俭学学生上个月发起的反对北洋政府向法国政府借外债打内战的"拒款斗争"的爱国行动，指使中国少年监护委员会宣告从本日起，干脆停发勤工俭学学生的维持费。

令学生雪上加霜的是，9月间落成的里昂中法大学也发出通告，拒绝勤工俭学学生入学，另从国内招收新生。该通告说："我们学院所养成的青年，在回国的时候，定当做教授，从事于各种相当科学的研究，将他们在法兰西所当研究的方法与智识传播于各地……若非官费或有支付款的确实保证，不能收录，并应当鼓品励行。在中国招考学生亦应与上列财力、智力、操行的条件相合，这种种条件，已在北京、上海、广东各中文报章披露。对于在法中国学生，我们愿录取一定的数目，但我们自应听命于校长（指吴稚晖先生）。他不久就从上海到此，在他未到以前，我们毫无决定的意见，时变到了，再发出新的通告。"这意思是里昂中法大学培养国家的栋梁，而已到法国的勤工俭学学生不够格。校长吴稚晖一方面说："里昂中法大学是公开的、普遍的、劳动神圣的。"另一方面，他们宁肯出五法郎一天，将已在法国的一群穷学生养起来，同时再从数万里外用三等舱将一群阔绰的学生接来读书。

矛盾越来越大。本来，王若飞等人曾希望将里昂、中比两大学改建为军工学院，收容勤工俭学学生。现在，希望彻底破灭了。停发维持费后，在法国勤工俭学的学生走向了绝境。9月17日，他们作出决定：（一）誓死争回里大；（二）绝对不承认部分解决；（三）绝对不承认考试。

当然，国内新来的学生也是无辜的，他们不幸成了和先到法国的学生争饭碗的人。巴黎留法中国青年会的《星期报》说：国内新来一百六十几个同学，都是像我们一样学问饥渴的兄弟，虽或保姆护新舍旧，却不能怪新弟兄们把我们的乳夺去，起了恨心。

接下来的几天，留法勤工俭学学生联合会连日召开会议，讨论对策。大家认为，吴稚晖带一百二十多位学生于9月24日到马赛，25日就能入里大，那时行动就晚了。当即，大会组织了"先发队"，先到里昂去。

为了留下部分骨干负责后方工作和以后的斗争，大家确定李维汉、汪泽楷、萧子暲、王若飞、向警予等10人留在巴黎呼应，不去里昂。

9月21日清晨，由赵世炎、蔡和森、李立三、陈毅、陈公培、张昆弟、颜昌颐、罗学瓒等125人组成的"先发队"，由巴黎乘火车到里昂。到里昂中法大学后，大家推选赵世炎等四个代表与校方交涉。

当天，里昂大学校长儒班给中国驻法公使陈箓打电报告急，说"今日突有125人占住里昂大学"。陈箓曾任中国北洋政府外交部次长。他给儒班回电说，请其等中国主持里大校务方面人来，自会解决。

对于学生进驻里昂中法大学，陈箓暗暗欢喜，因为其正好进了他的圈套。早在2月28日学生请愿时，蔡元培无法对付学生运动，陈箓乐得出来做人情，借款维持，组织监护委员会，想拉拢学生，出出风头。不料学生在借款问题上给他重大打击。恼恨之下，陈箓改变态度，与法外交部联手，停止发给学生维持费，并诱惑勤工俭学学生进驻里昂。因为学生此举违背了法国法律，陈箓可以借法国警察的力量，堂而皇之地将他们驱逐回国。

果然，法国当局次日就出动武装警察，把"先发队"一百余名成员囚禁，留在巴黎的周恩来与聂荣臻、王若飞、徐特立等四处奔走，进行营救。陈箓等迫于学生的压力，在中国驻巴黎使馆大厅邀集吴稚晖、章行严、高叔铭、郑毓秀等讨论解决办法，空谈一些募捐等实现不了的主张。

10月13日晚饭后，法国警察开来四辆大汽车，将进驻里昂的蔡和森、李立三等104人分载上车，运往附近小车站。车上窗帘遮蔽，神不知鬼不觉。为避免学生逃跑，上车下车时，两旁警兵持枪带剑，完全似对待临刑囚犯。汽车到小站后，学生们被押进火车。进火车后，警察防范更严，火车开往大站，然后直开马赛。到马赛后，将他们押上波儿加邮船中的五等舱。该轮第二天下午四时，起锚东去。

赵世炎等参加谈判的四人在谈判失败后，关在兵营里的同学叫他们不要进里昂大学，而是去巴黎与陈篆继续交涉，寻求对策。就这样，赵世炎等侥幸逃脱，不在遣送之列。但他们的护照被没收，从此不敢公开活动。赵世炎等无计可施，打电报给国内的李石曾，请他到上海设法援助被驱逐回去的学生。

蔡和森被押回国后，向警予不久也回到国内。


## 7.  "讨父团"

1921年夏天，中国共产党在上海成立，在广州任教育委员长的陈独秀没有出席会议，但被选举为中国共产党中央局书记。

1920年12月中旬，陈独秀决定任广州教育委员长，将上海共产党早期组织组和《新青年》社的事委托给李汉俊、陈望道、李达等人。陈独秀在广州宣传新思想，遭到了广州保守势力的围攻。陈独秀在高校演讲，宣传婚姻新观念，反对旧道德，使广州的守旧派如坐针毡，恨不得把陈独秀早一天赶走。

一日，陈炯明在宴会上问到陈独秀组织"讨父团"的事。17年后，1937年夏天，陈独秀在南京监狱写《实庵自传》说：民国十年（1921年）我在广东时，在一次宴会席上，陈炯明正正经经地问我："外面说你组织什么'讨父团'，真有此事吗？"我也正正经经地回答道："我的儿子有资格组织这一团体，我连参加的资格也没有，因为我自幼便是一个没有父亲的孩子。"当时在座的人们，有的听了我的话，呵呵大笑，有的睁大着眼睛看着我，仿佛不明白我说些什么，或者因为言语不通，或者以为答非所问。（载《陈独秀研究参考资料》第1辑，安庆市历史学会、安庆市图书馆编印，1981年，第2页。）

陈炯明不希望陈独秀辞职，为了缓解冲突，他决定增加教育委员。

陈独秀在广州任教育委员长期间，不少读者给《新青年》和他本人的信，仍然寄到上海渔阳里二号，其中一封是蔡和森寄自法国的信。1921年年初，毛泽东给在法国勤工俭学的蔡和森写信说："党一层，陈仲甫先生等已在进行组织。出版物一层，上海出《共产党》……颇不愧'旗帜鲜明'四字（《宣言》即仲甫所为）。"（《新民学会文献汇编》，湖南人民出版社1979年版，第116页。）见到毛泽东的信，蔡和森于1921年2月11日给陈独秀写了一封信，大意是他从毛泽东处知道陈先生的反张东荪的驳论，遗憾"未得而见"。蔡和森谈到自己对一些问题的看法，并向陈独秀请教了几个问题。

8月1日，陈独秀写了答蔡和森的信。针对蔡和森提出马克思主义精髓在于综合革命说与进化说，陈独秀提出，经济制度的革命是创造历史最有效最根本的方法，因此，马克思主义并没有什么矛盾。他不同意蔡和森把唯物史观等同于自然进化说。陈独秀不知道蔡和森是什么派别，他在信尾说：很盼望赞成或反对马克思主义的人加以详细的讨论。

秋天，刚自广州回到上海任中国共产党中央局书记的陈独秀，在上海家中被捕。10月4日中午，杨明斋、周佛海、柯庆施到上海渔阳里二号陈宅，和高君曼打麻将。陈独秀不喜欢打，上楼睡觉去了。

打了两圈牌，这时有两三个陌生人敲门进来。包惠僧开门问："你们找谁？"这几个人说是找陈独秀。杨明斋见这几个人"白相"味，说："陈先生不在家。"但来人继续往里走，包惠僧用身体挡住，说："不是告诉你，陈先生不在家吗？"中间一个尖脸猴腮的说："我们要买几本《新青年》。"包惠僧说："大自鸣钟下有卖的，那儿是专卖《新青年》的。"

几个人边说边往里走，有一个人看见了地上堆的九卷五号《新青年》，说："这儿不是有《新青年》吗？"后面立即有人帮腔："是啊，这儿有，就在这儿买吧。"

陈独秀踏着拖鞋下楼，准备从后门溜走。后门有一个戴礼帽的大个子陌生人站在那儿，陈独秀只好退回来。

陈独秀、高君曼、杨明斋、柯庆施、包惠僧五个人被带上了停在门外的汽车，巡捕房的人将《新青年》杂志和其他书刊资料也搬了一部分到另一辆汽车上。到了巡捕房，一位巡警叫他们填写自己的名字、职业及与陈独秀的关系。

后经共产国际代表马林花钱，请巴和律师替陈独秀辩护，陈独秀等人被无罪释放。

## 8. 赵世炎：二陈等近时倾向大变

104人被遣返回国，暴露了吴稚晖、陈箓等人的嘴脸。对此，留法学生反应不一。熊志南因想不开而精神失常，死在法国的监狱里。郑超麟想找吴稚晖继续帮忙进校读书，但被拒绝。大多数同学认为吴稚晖等提倡勤工俭学的人是骗子，从心里仇恨他们。陈延年和陈乔年因之前与吴稚晖有来往，没有直接参加争夺里昂大学的斗争，但受朋友及事件的影响，也与吴稚晖一刀两断，分道扬镳了。

1921年秋天，陈延年、陈乔年与华林、李卓、李鹤龄、鲁汉、毕碧波等人在巴黎成立了工余社，团结了一批不满吴稚晖、李石曾和陈箓的无政府主义者。1922年1月15日，他们出版了工余社的机关刊物《工余》杂志，由陈延年负责编辑。

这是勤工俭学学生自己办的第一个油印刊物。在《工余》之前，还有华法教育会办的《旅欧周刊》，但没有人爱看。《工余》出版后，在中国境内外特别是侨居法国、南洋群岛的无政府党人中，有很大的影响。

郑超麟见他们的口气和华法教育会是两码事，化名投了两次稿子。陈延年将郑超麟的文章删节了一些内容，予以发表。文章刊登后，住在同一个木棚里的贵州人黄齐生问："这是谁写的？"黄齐生是王若飞的舅舅，贵州安顺人，曾带领学生周游国中，拜访过陈独秀等人。安徽巢湖人李慰农低声告诉黄齐生说："这是郑超麟写的。"郑超麟很奇怪，李慰农怎么知道是自己写的。后来想，大约是李慰农根据自己平时的谈话猜出来的。

1922年3月21日，发生了陈延年和陈乔年的朋友李鹤龄枪击陈箓未遂、自请入狱的事件。这也是抢占里昂大学风波后，发生在勤工俭学学生中最激烈的事件。

这天是四川人郑毓秀女士的生日，因郑女士在勤工俭学学生中有影响，中国驻法总领事陈箓夫妇、张瑚和副总领事李骏到其家赴晚宴祝贺。散席出门后，陈箓夫妇、张瑚刚上车，突然一人从黑暗中跑出，向车内射击，射手以为陈箓坐车中间，误向中间坐的张瑚开了枪，但未击中要害。

原来，这位年轻杀手就是郑毓秀女士的秘书、20岁的四川人李鹤龄。晚上11时，李鹤龄到巴黎总稽查处自首。稽查问他："你为什么要杀本国公使呢？"李鹤龄说："因为公使对于本国人失了他应有的态度和责任——赶逐里昂百余学生归国，所以我决意杀他。"稽查问："你还有政治上的报复吧？"李鹤龄答："否！否！我也没干扰你的秩序。我既自首，你也不必再追问了，就是判我几年监禁，我还要安心读书呢。"

李鹤龄和陈延年、陈乔年同在工余社，因痛感无政府主义不能挽救国家民族于危亡，毅然抛弃无政府主义的主张，采取激烈的武力行动。此事反映了无政府主义者开始分化，对陈延年、陈乔年震动很大。

陈延年和陈乔年从小像两只山羊，被家庭和社会驱使，过着没有拘束的散漫生活。在上海的漂泊，与社会上下层人的广泛接触，使他们深恶现存的社会制度，立志推翻现存的制度。但这种散漫的生活方式，尤其是在无政府主义的熏陶下，促使他们走上了不要国家、不要法律、不受约束的无政府主义道路。

到法国以后，延年兄弟接触到了马克思主义，逐渐意识到，无政府主义虽然破坏了一个旧世界，却没有建立一个新世界，不是一个完整无缺的思想体系。就在他们被无政府主义的弊端所困惑，寻找新的道路的时候，赵世炎、陈公培等人向他们伸出了热情的双手。

赵世炎在争夺里比两大学中，侥幸脱险，没有被押送回国。由于护照被里昂当局没收，他于1921年初冬到华工最多的法国北方做清理战场的苦工。

4月24日，滞留在法国北方的赵世炎收到了毛茸茸的"大虫"李立三回国后从湖南寄来的第一封信，信中说，仲甫希望他回国工作。

赵世炎想，陈独秀劝自己到四川工作，一定是李立三和无名（陈公培）的主意。张申府也经常劝自己回去，他自己三个月内就要回国了。但赵世炎不打算回去，他第二天给李立三写回信说："你若再到上海会仲甫先生时，请你替代说我的意思：我若不能于一个时期可以有效的读书——专门读书——以后，我决不回国来。我现在毫没有涵养性，我看见国内的情况异常烦闷；虽然我相信在中国实行布党的计划是一线的曙光，但我现在实不敢自信我能够做事，所以我暂时决不回来。"

由陈独秀，赵世炎联想到了陈独秀两公子的情况。从陈延年主编的《工余》上，赵世炎发现陈延年的思想发生了变化，十分兴奋。他很希望陈延年和陈乔年转向马克思主义立场，这一定也是陈仲甫先生所希望的。但苦于自己和陈延年、陈乔年没有私人交往，不便直接和陈延年兄弟深谈，因为弄不好，会被别的无政府主义者痛骂。最好的办法是请与陈延年、陈乔年有交往的陈公培给他们写信。

关于争取陈延年和陈乔年的话题，赵世炎没有和李立三说。他解释道："别的话，我将在与无名的信中另说。我这次给你的信且只写这一点，也因为实在没功夫。"

第二天，4月26日，赵世炎给无名写了一封信。李立三的来信，居然没有地址，叫赵世炎想到他平常乱蹦乱跳、马大哈的样子。给李立三的回信，也只好夹在给无名的信里，请他转寄了。

在给无名的信里，赵世炎特别提到了设法争取陈延年、陈乔年兄弟的事："李合林（鹤龄）事后，安那其朋友奋然而起。但以我观察，有一部分之安那其倾向颇变。其最著者为大陈——延年——趋向极为可爱，近日他们所出的《工余》杂志，竟高呼暗杀……革命……气魄可钦，惜我与二陈均无接洽，你可否还来一信，与之问讯，且探其动静。因安那其中颇有人，近来最爱刻薄骂人，将来如生冲突，亦麻烦，可厌事也。""安那其"即指无政府主义者。

## 9. 成立少年共产党

1922年4月30日，赵世炎收拾行李，准备次日到巴黎，冒着丢掉工作的危险，参与发起组织共青团。

1921年2月，赵世炎接到陈独秀的信，内容是请他们派人出席国内成立中国共产党大会事，因为联络不周，巴黎共产党早期组织没有来得及推荐代表出席中国共产党第一次代表大会。1922年3月，留学柏林的周恩来、萧子暲、张嵩年、刘清扬、张伯简、谢寿康、熊雄七人联名来信，提出5月1日建立青年共产主义团体。但赵世炎感觉来不及，因为工学世界社的尹宽、薛世纶也想加入，而又不想取消个人行动，在他们的问题未解决之前，会不好开。不久前，尹宽、薛世纶同意取消个人行动，赵世炎立即着手成立共青团的事。4月26日，赵世炎给陈公培写信说："欧洲方面决定成立一个'青年团'（大约一个月以内可以完成）。"

4月30日下午，赵世炎收到了陈公培3月17日的信。他立即给陈公培写了回信。上封信还在回国的邮轮上，他再次谈到争取陈延年和陈乔年问题："法国旧时安那其如二陈等近时倾向大变，望你们有私人关系者，速来接洽（即以青年团为题）。"署名时，赵世炎写了自己的化名"Le Feu"，即"乐生"。

在赵世炎、陈公培等人的热心帮助下，初夏，陈延年和陈乔年阅读了法国共产党印刷的《共产党宣言》《空想社会主义和科学社会主义》等小册子，完成了由无政府主义向马克思主义的转变。

周恩来等人也参与了争取陈延年、陈乔年兄弟的工作。聂荣臻回忆说："因为无政府主义在青年中影响比较大，所以我们第一个论战的目标，就对准了无政府主义派。恩来在《共产主义与中国》等文章中，都着重批判了无政府主义。……由于恩来的领导和大家的努力，到1923年年底，我们终于瓦解了无政府主义派，其中一部分人还转到了马克思主义方面，像陈延年、陈乔年同志的转变，就是典型的例子。"

6月18日早晨，郑超麟按预定时间，到了巴黎的西郊布罗尼森林公园。事前，28岁的巢湖人李慰农暗中通知郑超麟说："明日，星期天下午，有人约你去森林谈话。"郑超麟如约去了，见面的有薛世纶、李慰农、韩奇三人。这次谈话，决定了郑超麟、韩奇等人后来的发展方向。

郑超麟首先见到一个青年，他自我介绍说叫任卓宣。任卓宣即叶青，四川南充人。两人并排往森林里走，见前面一位穿黄色大衣者，任卓宣介绍说：这是周恩来。在一个转弯的地方，任卓宣指着站在路旁说话的人说：那是陈延年。郑超麟听说过陈延年，是陈独秀的儿子，主编《工余》杂志，自己还在上面发表了文章呢！他发现，陈延年很朴素，像个工人。但这天，陈延年好像换了一件好衣服穿了。

过了一会儿，来自法国、德国和比利时三国的中国勤工俭学学生代表赵世炎、周恩来、陈延年、陈乔年、郑超麟、尹宽、刘伯坚、王若飞、李维汉、李富春、袁庆云、王凌汉、任卓宣、佘立亚、萧子暲、熊锐、萧朴生、薛世纶，共18人，集中到了空地上。每人租借了一把铁折椅，围坐在一起，举行了"中国少年共产党"（即旅欧社会主义青年团）第一次代表大会。

1922年6月18日陈延年（前排左八）、陈乔年（前排左六）

会议开了一天，上午，赵世炎主持会议，讨论名称时，大家提出用"少年共产党"，周恩来提议用"少年共产团"，这也是张申府的意见。尽管张申府多次写信给赵世炎，催促他成立青年团，但开会这天，张申府没有出席。他是共产党员，所以没有出席今天的会议。此外，周恩来提议，加入少年共产党要举行宣誓仪式。到了下午，一位老太婆来收了椅子钱。

因怕旷工，郑超麟第二天没有出席会议，没有参加选举活动。会议选举赵世炎任书记，周恩来为宣传部长，张伯简为组织部长。

张伯简，云南人，滇军出身。赵世炎对张伯简印象不错，春天给李立三的信里，还说到同意张伯简去莫斯科帮助谢寿康出席共产国际的事："伯简信仰很坚，诚实又有见地，且善活动，不过不善言语就是。"张伯简当时在德国，没有出席这次会议，在赵世炎的推荐下，被选为组织部长。他未到职时，由李维汉任代理组织部长。

### 10. 胡志明介绍二陈加入法共

1922年秋天，经法共党员、越南马克思主义者阮爱国（胡志明）介绍，陈延年和陈乔年加入了法国共产党。

胡志明（1890—1969），原名阮必成。少年时期，他就期望能到西方国家观察学习，以寻求救国救民的革命真理。1919年年初，凡尔赛和平会议召开时，胡志明取名阮爱国，代表在法国的越南爱国者，向各国代表团递交了一份备忘录，提出了著名的各民族权利的八项要求。他自费把八项要求印成传单，广泛分发。从此，阮爱国的名字在越南成为爱国的旗帜。

"少年共产党"成立后，因和国内的中国共产党没有联系上，赵世炎嘱咐法国话讲得好的萧三（萧子暲）多和法国党联系。

萧三第一次去法共殖民地部，对方见萧三是黄皮肤，问："你是安南人吧？""我是中国人。"萧三不高兴地说。回来后，萧三提到这事，大家哈哈大笑。陈乔年说："我们以后就喊你安南人。"

法共在法国是公开的，"少年共产党"因此在法国也可以公开活动。萧三同法国的社会主义青年团建立联系后，认识了法国共产党理论家拉波波等人。和赵世炎、陈延年等商量后，萧三请拉波波等法国党团的同志给旅欧中国少年共产党作报告，陈延年和陈乔年都参加了报告会，并参加了法共领导的游行示威运动和一些会议。在这些运动中，陈延年、陈乔年认识了阮爱国。

一天，胡志明如约来到赵世炎、陈延年住的戈德弗卢瓦街（或译为"哥德伏庐瓦街"）17号小旅馆，和中国同志见面。因言语的隔阂，大家用笔交谈。

大家开始很奇怪，越南人怎么参加了法国共产党。赵世炎问阮爱国：

"你是法共吗？外国人是否可以参加法共？"

阮爱国说："我是法共党员，外国人可以参加法共组织活动。"

陈延年笑着说："我们组织'工余'时，也有南洋人参加。"

这次交谈后，大家逐渐地熟悉了。在阮爱国的介绍下，不久，王若飞、赵世炎、陈延年、陈乔年和萧三参加了法国共产党，在巴黎13区（一说17区）过组织生活。

"少年共产党"第一次大会后，郑超麟经常去陈延年和陈乔年的寓所戈德弗卢瓦街17号。赵世炎住在楼上，延年兄弟住在楼下。周恩来从德国来巴黎，也住在这里。

在巴黎戈德弗卢瓦街17号小旅馆，陈延年、陈乔年、赵世炎、周恩来等人共用一个煤油炉做饭，吃的多是白水煮土豆，有时用咸鱼就面包，偶尔吃点火腿、香肠，算是改善。周恩来被选为少年共产党宣传部长后，经常往来于柏林和巴黎等地。一次，赵世炎买了大面包、方糖、酱带回来，与陈延年、陈乔年、周恩来一起改善伙食。就在这样的艰苦环境下，大家矢志不移，始终不忘探索救国的道路。

一天傍晚，赵世炎正在微弱的光线下看书，乔年说："该歇了，小心眼睛啊！"

赵世炎说："就这个时候，可以看一点书。"

事后，赵世炎在一张自己的小照上，题了"黄昏之贼"四个字。

聂荣臻、邓小平（邓希贤）也常光顾这里。聂荣臻回忆说："真可谓身居斗室，唯一的一间住房不到十平方米。这里既是他的住所，又是我们办刊物和进行党团活动的中心。人多了，实在装不下，就只好到附近的一家咖啡馆活动。每当我到恩来那里，总见他不是在找人谈话，就是在伏案奋笔疾书。吃饭常常是几片面包，一碟蔬菜，有时连蔬菜也没有，只有面包就着开水吃。"

汪泽楷、聂荣臻等是第八批勤工俭学留法学生，1919年12月9日在上海杨树浦黄浦滩码头乘法国邮轮"司芬克司"号出发。因湖南学生多，蔡和森、向警予等还到码头送行。十来天后，蔡和森、向警予、陈延年、陈乔年等乘下一班船出发。

### 11. 主编《少年》

1922年8月1日，旅欧中国少年共产党的机关刊物《少年》创刊。在法国出版刊物，需要法国政府的同意，才能获准登记公开出版。在拉波波等法共同志的帮助下，《少年》顺利出版。杂志封面上公开印"少年共产党机关"七字，规定不给外人看，每本杂志上编了号码，看完收回。

为了保密，作者采取笔名制度。陈延年化名林木、陈乔年化名罗热、周恩来化名伍豪、王若飞化名雷音、赵世炎化名乐生、张伯简化名红鸿、李维汉化名罗迈、萧子暲化名爱弥、张嵩年化名R、汪泽楷化名裸体、刘清扬化名念吾、郑超麟化名丝连、尹宽（硕夫）化名石人等。周恩来在天津觉悟社序号是五，所以取谐音"伍豪"。刘清扬在天津觉悟社序号是二十五号（廿五），取谐音"念吾"。

《少年》创办后，由陈延年负责编辑和刻写蜡纸。因没有出版经费，通常是陈延年自己刻印。陈延年曾主编《进化》《工余》等刊物，有办杂志的经验，轻车熟路。蜡纸刻好后，乔年晚上常帮助哥哥油印。乔年白天要在工厂里干九小时的活，回来后，经常油印到深夜一两点钟才能睡觉。延年和乔年晚上同睡一张小床铺，虽然挤点，但和住在工厂的同学比，已经是心满意足了。

这期间，陈延年带头在《少年》上发表反对无政府主义、国家主义的文章，撰写了《一个无政府党人和一个共产党人的谈话》《甚么是无政府党人的道德？》等，这一系列的活动，引起了无政府主义者的愤怒

少年

和谩骂。国内无政府主义者声言，"君能兴楚、吾能复之"，表示要与陈延年、陈乔年对着干，与共产党对着干。他们在1923年第二期《互助月刊》上发表《同志消息》，说："法国之《工余》杂志，为吾党旅法之机关报，前为陈延年编辑，近陈君改变为共产党，编辑事务改由李卓君担任矣。"李卓与陈延年、陈乔年一起乘船到法国勤工俭学，他到法国的担保金还是陈延年找吴稚晖一起解决的，现在他们分道扬镳了。

中国无政府主义党南洋支部曾发通告，大骂陈延年是"叛徒"，"投降"了共产党。郑超麟后来回忆，一个广东籍熟人对他说："新加坡的无政府党组织，曾收到巴黎总部一个通告，说陈延年做了'叛徒'，投降共产党了。"郑超麟的这位熟人曾在新加坡做工时参加无政府主义组织，自己也在新加坡无政府主义组织内大骂陈延年，后来也参加了共产党。

陈乔年白天去工厂干活，但工资很少。当时勤工俭学的学生做杂工，拿的工资只有法国工人的1/2—1/3，即10—15法郎或30—45法郎。而且，中国的学生做杂活，没有固定岗位，哪里艰苦就到哪里去干，通常做最重的、最危险的、最紧张的活，八九个小时得不到休息。当时，郑超麟一天也劳动10个小时，得10个法郎，差不多一小时一个法郎。这样，资本家和工人都好算账。

一天傍晚，陈乔年下班回来了。他接过哥哥的印刷推子，帮助手推印刷。正好郑超麟在这里，说："乔年的身体真好，忙了一天，还不歇歇。"乔年性格活泼，笑着说："不累。白天为别人干活，这会是给自己干活。"

陈延年将印刷推子给弟弟后，自己坐在一旁选云母片，这项工作是从附近工厂接来的零活，可以不去工厂。

1922年6月，邓小平在蒙达尼郊外，与蔡畅等人一道加入"旅欧中国少年共产党"。对于这段历史，邓小平回忆说："我在法国的五年零两个月期间，前后做工约四年，其余一年左右在党团机关工作……在1922年夏季被吸收为中国社会主义青年团的成员。我的入团介绍人是萧朴生和汪泽楷两人。"（毛毛：《我的父亲邓小平》上卷，中央文献出版社1997年版，第111页。）

邓小平走上共产主义道路，最先是因为结识四川老乡江津人聂荣臻，接着结识了开小书店的陈延年和陈乔年，随后又在工厂打工时结识了赵世炎和王若飞，并被这些先进青年的理想和精神所吸引。1921年初秋，周恩来和赵世炎等人发起组织反对北洋政府向法国政府借外债打内战的"拒款斗争"。在这场斗争中，邓希贤结识了周恩来，从此开始了他们长达半个世纪的友谊。

## 12. 陈独秀出席共产国际"四大"

1922年8月9日上午，陈独秀在上海法租界环龙路铭德里二号新居被法总巡捕房再次逮捕，他们认为陈独秀有俄国共产党给的卢布，想敲竹杠，遭拒绝后，以陈独秀家藏有违禁书籍为由，将陈独秀及抄查的书籍带到上海芦家湾总巡捕房。

到了巡捕房，照例是讯问笔录，他们量了陈独秀的个子：1.63米。隔日，陈独秀被带到法公堂预审。替陈独秀辩护的博勒律师以尚未研究陈独秀是否私藏违禁书籍和过激书刊为由，要求法官延期审讯。法、中会审法官商议，同意七天后复审。

陈独秀被拘留后，上海《时事新报》《时报》《晨报》都发了消息。《晨报》刊载"大法律家谓其无罪"评论，引用一位大律师（博勒）的话说："陈独秀著作中对共产主义谈及甚多，但他认为中国目下的情形，还没有到实行共产时期，实与鼓吹共产者不同。"

8月18日，公堂继续会审，博勒律师认为，陈独秀家中确实有《新青年》杂志，但他家仅有此书，并无印刷设备，因此不违背法租界条例。

法领事在事前已与法大使通过气，知道拘押陈独秀会激怒舆论，得不偿失，加上胡适找了顾维钧出面说话，他们打算草草了事。结果，法租界巡捕房判罚陈独秀大洋400元，由保人保出，所抄书籍，一律销毁。

10月初，陈独秀经北京赴苏联，参加11月共产国际在莫斯科召开的四大。之前陈独秀主持召开了中共二大，这是一次反对马林关于共产党以个人身份加入国民党提议的紧急会议，乘马林回莫斯科的时候匆忙召开，"二大"形成决议案，提出与国民党进行党外联合。不料马林再次回到中国，带来共产国际决议，在西湖会议上迫使陈独秀等人让步，接受共产党以个人身份加入国民党的决议。陈独秀这次到莫斯科，想进一步了解共产国际和苏共对于中国共产党与国民党关系的真实态度。

陈独秀、刘仁静、王钧等人经奉天、满洲里、赤塔到莫斯科。到了莫斯科，才知道共产国际四大开幕式已在列宁格勒开过了，会议已移到莫斯科继续开。

会议日程拉得很长，列宁最后一次出席了共产国际会议，带病作了两个小时的演讲。这是陈独秀唯一一次见到列宁。

休息日，瞿秋白陪陈独秀、刘仁静等一起去看东方大学的中国班同学。东方大学在莫斯科市区特维斯卡娅大街15号，是一幢五层楼的楼房。在这里学习的有刘少奇、罗亦农、彭述之、任弼时、柯庆施、王一飞、卜士奇、曹靖华、韦素园等。东方大学名誉校长是斯大林，陈独秀以及朝鲜、蒙古、日本、印度等国共产党负责人到莫斯科，学校额外给学员增发半磅大米、一磅土豆、半磅咸猪肉。晚上，刘少奇、罗亦农、任弼时、肖劲光、蒋光慈、彭述之、卜士奇、曹靖华、任作民、王一飞等中国学生将增发的食品凑在一起，招待陈独秀等中国代表团成员。

看到中国在莫斯科的学生生活、学习环境很好，陈独秀想到了留法学生包括自己的儿子延年和乔年的生活。与苏联的中国学生比，他们的条件差多了。蔡和森、李立三被押解回国后，说了不少延年和乔年的情况，陈独秀知道他们的生活很苦。但陈独秀觉得，能够在法国生活下去，对他们今后适应社会，有许多好处。

陈独秀出席共产国际第四次代表大会期间，萧三和张伯简等人也来到了莫斯科，出席这次会议。见到萧三，陈独秀十分高兴。以前陈独秀在上海发起上海工读互助团筹备会和募捐活动，萧三也参加了。

陈独秀对两个儿子的情况了解不具体。加入旅欧中国少年共产党后，萧三也是第一次见到中国共产党的领导人，而且是老熟人。于是，萧三从夏天成立旅欧中国少年共产党、办《少年》杂志谈起，详细介绍了少年共产党和大陈（陈延年）、小陈（陈乔年）的情况。

谈了一会儿，陈独秀表示，旅欧中国少年共产党和国内青年团中央没有联系，应尽快联系上，解决归属问题，改名为中国社会主义青年团旅欧支部。

谈话后，陈独秀给赵世炎写了一封信，请萧三回去时转交。在给赵世炎等人的信上，陈独秀说，不宜叫"少年共产党"，应改称社会主义青年团。

## 13. 少年共产党的"归属"

在陈独秀见到萧三之前，旅欧中国少年共产党即召开会议，决定接受中国共产主义青年团的领导。

　　1922年10月，周恩来赴巴黎参加旅欧中国少年共产党召开的会议。这次会议进行总投票，决议加入中国社会主义青年团，并改选中央执行委员会，赵世炎、王若飞、周恩来、尹宽、陈延年五人当选。

　　陈延年曾在无政府主义团体中有很大的影响，他的思想转变，加强了留学生中的马克思主义者阵营，对当时法国马克思主义战胜无政府主义起到了重大的作用，加上他本人朴实、实干，以及在《少年》上发表文章产生的重大影响，陈延年被增补为"少共"中央执行委员会委员，任宣传部长，周恩来改任职工运动部部长，脱产从事旅欧中国少年共产党中央执行委员会委员组织工作。

　　收到萧三转回的陈独秀希望少年共产党归属社会主义青年团的信函，赵世炎、周恩来等立即致函在莫斯科的陈独秀，表示接受中国共产党领导。

　　接到旅欧少年共产党愿意归属的信后，在莫斯科开会的陈独秀，立即和中共旅莫支部罗亦农商量，考虑留法学生的困难，决定抽调旅欧一部分同志到莫斯科东方劳动者共产主义大学学习。这里的条件毕竟比在欧洲好得多，一个是资本主义的老巢，一个是共产主义的堡垒啊！在此之前几个月，旅欧同志就请人到苏联联系，希望转一部分同志到苏联留学，因为涉及入境手续，没有结果。

　　陈独秀再次写信通知赵世炎，请他们选派人到莫斯科。入境手续事，陈独秀和苏联政府交涉。因德苏有外交关系，欧洲的同志经德国入境苏联，估计不成问题。

　　两个儿子在法国的情况不好，陈独秀在国内已有耳闻。他支持留法的同志到苏联读书，间接地也为陈延年、陈乔年改变学习、生活环境，做了工作。一般认为，陈独秀不关心陈延年和陈乔年，实际上，他的关心很含蓄，不是一般父亲的溺爱。

　　1923年年初，收到陈独秀的亲笔信后，赵世炎和周恩来、陈延年等商量，一边酝酿赴苏留学者名单，一边决定，不等李维汉的消息了，近期即根据陈独秀信的意见，举行"少共"第二次代表大会，研究改变名称等问题。

与此同时，李维汉在北京通过社会主义青年团书记施存统找到了中央，在北京向陈独秀、李大钊、张国焘、蔡和森、邓中夏等汇报了旅欧少年共产党的要求。陈独秀与瞿秋白未等共产国际四大闭幕，已于年初回到了北京。

1922年11月20日，赵世炎、周恩来、陈延年等人根据陈独秀的意见，以旅欧中国少年共产党的名义写信给国内的中国社会主义青年团中央，要求"附属于国内青年团为其旅欧支部"，并委派少年共产党组织部长李维汉为代表携信回国接洽。李维汉当时接到蔡和森希望他回国工作的信，正准备回国。

李维汉没有钱买回国的船票，周恩来和赵世炎带头凑钱。当时，聂荣臻生活很拮据，考虑与国内接洽，也凑了一点钱给李维汉做路费。上船前一天晚上，李维汉和大家一起沿着塞纳河散步，算是告别。

1923年1月下旬，陈独秀回到北京后，主持中共中央会议，批准了李维汉带回来的旅欧中国少年共产党关于"归属"问题的报告。在北京，经陈独秀、李大钊等人的批准，李维汉加入中国共产党，介绍人是毛泽东、蔡和森。他们都是新民学会会员，又是湖南老乡，蔡和森还和李维汉一起在法国勤工俭学，所以做入党介绍人最适合。

根据陈独秀的意见，李维汉被安排回湖南工作。离开北京前，李维汉给赵世炎和周恩来写信，报告了中共中央关于旅欧中国少年共产党隶属国内社会主义青年团的决议。

## 14. 开除张申府

1923年2月14日，赵世炎给在莫斯科的罗觉、彭述之写信，说："兹开来西欧同志愿来俄者十五人的名单……此十五同志已经此间执行委员会之认可，合于当初所规定之条件与情形。望同志们于接信后即向东方大学交涉，请求莫斯科速电驻柏林苏俄代表，准予此十五人发给入俄护照。"这15人中，有赵世炎、陈延年、陈乔年等。赵世炎信中所提的"执行委员会"，指10月改选的执行委员会，他本人的身份还是少年共产党书记。

三天后，"少共"举行了第二次代表大会，周恩来、赵世炎、陈延年和陈乔年等42人代表72人出席了大会。地点在上次开会的布洛宜森林西边——巴黎西郊区比扬古镇警察分局内一个会议厅，镇的南面是塞纳河。这个会场是袁庆云出面租来的，他爱上了一个法国姑娘，和这里的警察很熟悉。这里很安全，因为警察不懂中国话，大家可以随意说话。

大会由赵世炎主持，任卓宣、薛世纶、赵光宸、穆清做记录。会议在讨论陈延年离开巴黎后，是否继续出版《少年》时，陈延年表示，《工余》和《青年会星期报》很活跃，我们不能没有杂志，《少年》应该继续出版。

周恩来同意陈延年的意见，因为第三国际和国内党组织的指示，也需要通过《少年》进行宣传；我们的许多同志，还不能直接读法共的杂志。会议决定，继续办《少年》杂志。

在这次会议上，周恩来代表柏林地方会书记廖焕星向大会汇报柏林地方事务时说："本次大会及执行委员会仍认R（张申府）为团员，而R在柏林地方会确已屡次声明退出少共，我自己亦曾向中央报告过他持不同态度，因此无法为仍为团员的R做代表。"旅欧学生加入少共的有72人，其中有旅德团员7人，包括在国内加入共产党的张申府。

张申府要求退出"少共"，起因于张申府和张伯简的矛盾。张申府曾建议少共执行委员会开除张伯简的党籍，但少年共产党只警告了张伯简，而没有开除他。为此，张申府辞去了共产主义研究会主任一职，并向柏林少年共产党负责人廖焕星表示，要退出少年共产党。少年共产党成立后，下设共产主义研究会，张申府任主任。

周恩来发言后，陈延年表示赞成，认为R（张申府）自己声明退出少共，柏林地方会代表他就不适合。R并有胁迫中央之言，留在党内已不适合。他提议，至少弹劾张申府，追究他为什么在地方会议上声明退出少共。

大会主席赵世炎不同意开除张申府，他表示，执行委员会和他一直未接到柏林地方会书记报告R退出少共事。而且廖焕星的报告信中，经常提到R出席、发言、建议，却未道及他退出少共事，直至此大会，伍豪替柏林地方会廖焕星向大会报告柏林地方会事务，方始说出。R本是中国共产党党员，共青团组织是否适合开除R于共青团之外，需要报告国内的中央。

赵世炎发言后，周恩来、陈延年等表示赞成。

但也有人对委员会处理张申府案仍然不满，发言说："执行委员会在处理张申府事上，过于懦弱，我提出弹劾乐生（赵世炎）、雷音（王若飞）、伍豪（周恩来）、石人（尹宽）和林木（陈延年）案，本大会对此五人应予以警告。"

赵世炎说："准予成立警告案。"

大会通过了周恩来起草的《旅欧中国社会主义青年团章程》，改选了"中国社会主义青年团旅欧支部"领导成员。考虑赵世炎、陈延年等即将到莫斯科去，大会选举了周恩来、任卓宣、尹宽、汪泽楷、萧朴生五人为委员，刘伯坚、王凌汉、袁子贞为候补委员。并推选周恩来接替赵世炎，任中国社会主义青年团旅欧支部书记，尹宽任共产主义研究会主任，接替了张申府的工作。

大会结束时，大家在警察分局内的会议厅外面的空地合影留念。

### 15. 离开法国

1923年3月中旬，周恩来在巴黎给国内团中央书记施存统写了一份长篇报告，详细汇报旅欧社会主义青年团改选会议的情况。报告写到一半，收到1月29日中共中央答复李维汉带回国内的报告，批准少共归属国内中国社会主义青年团。周恩来写道："我们看后，真欣喜无量！"现在，旅欧社会主义青年团全体团员终于站立在国内共产主义统一的旗帜之下了。

赵世炎、陈延年也非常高兴，在他们离开前夕，终于有了国内答复的消息，而且与大家开会的精神完全一致。唯一不同的是，中央来信要求停办《少年》。

陈延年看完了信，问周恩来什么意见。周恩来表示，在纪律上，当然是执行，他想等大家凑齐了，再正式答复。因为新当选的委员五人中，有三人在巴黎，还有两位不在。

入德手续也很麻烦，直到3月18日，陈延年、赵世炎、王若飞、陈乔年、郑超麟、佘立亚、王凌汉、高凤、陈九鼎、袁庆云10人，在最后一次缴纳了当月团费12方后，由巴黎起程，经比利时入德国，转赴莫斯科。郑超麟不知道自己会到苏联读书，是李慰农最早悄悄告诉他这个消息的。

离开法国前夕，针对无政府主义者对自己的谩骂，陈延年给黄凌霜写了一封公开信，在4月出版的《工余》第16号发表，陈延年写道，"对于无政府主义之信仰"，是"建在浮沙之上"的，"做革命事业……力求理解社会生活的实际关系……马克思很有先见之明，一生精力，全用在这个研究之上"。

陈延年公开信的发表，标志他完成了向马克思主义者的转变。

陈延年等人在留德同学周恩来的陪同下，先到比利时沙鲁亚城（或译"沙路瓦城"）访问刘伯坚等人，在他们的学校住了一晚（一说住了两天）。随后，刘伯坚和周恩来一起，送赵世炎、陈延年、陈乔年、郑超麟等到柏林。

陈延年等人到柏林后，张申府因自己被除名事，和夫人刘清扬不见他们。

周恩来对张申府说："你太骄傲了，群众不满意，故打击你一下。"

张申府跳了起来，反问周恩来："如果群众反对仲甫同志，我们也要跟着反对仲甫同志吗？"

张申府1924年春经莫斯科回国，任黄埔军校政治部副部长。1925年1月出席中共四大后，因和青年党员闹矛盾，脱离了中国共产党。他自己说，"赞成我的是多数就干，赞成我的是少数就滚蛋"。张申府和青年同志闹矛盾，根源于法国时期的事。

在周恩来和柏林地方会书记廖焕星等人陪同下，赵世炎、陈延年、陈乔年等一边游览柏林名胜风景区，并探讨马克思主义，一边等候护照。与赵世炎等一起赴苏的还有留德学生熊雄、王圭二人。这一等，就等了十来天。

办护照的德国人约莫三十来岁，红头发，他说："混格混格，你们知道吗？也是从我这里到苏联去的。"陈延年不知道他说什么，问："'混格混格'是谁？"后来才搞清楚，"混格"指红鸿（张伯简）。红鸿的法文名字叫Hong-Hong，这个办护照的德国人懂法文、俄文。原来，张伯简、萧子暲也是通过他去苏联的。

熊雄，比陈延年大。1911年年初，出生于殷实家庭的熊雄放弃了在南京优级师范学堂的学业，回南昌参加李烈钧组建的江西新军学生军，投身于轰轰烈烈的辛亥革命。他和陈延年兄弟同年到欧洲，这次碰巧一起去苏联留学。熊雄没有想到，几年后，他会和陈延年一起在广东工作。

陈延年和陈乔年离开巴黎后，邓小平和李富春调入《少年》编辑部，在周恩来等领导下编辑出版少共杂志。陈乔年走后，邓小平接替他承担了编印《少年》的工作。

在《少年》杂志上，周恩来、邓小平等人继续开展反对旅欧中国留学生中的无政府主义思潮，与李卓主编的《工余》杂志展开了针锋相对的斗争。后考虑陈独秀等建议停办《少年》，周恩来、邓小平等将《少年》更名为《赤光》继续出版，新的刊物仍然由邓小平等编辑、印刷。

## 16. 入东方大学

1923年清明节前后，陈延年、陈乔年、赵世炎、王若飞等12人到达莫斯科，入东方大学学习，住普希金广场维斯卡雅街53号东方大学宿舍。

4月28日，中共旅莫支部举行欢迎陈延年、赵世炎等人大会，支部书记罗亦农主持并致欢迎词。新从欧洲来俄的同志中有六位党员，除赵世炎同志是老党员外，王若飞、陈延年、陈乔年是法共党员，熊雄、王圭是德共党员，照章程凡属第三国际支部的均可为中国共产党正式党员。这么一算，陈延年和陈乔年加入中国共产党的时间为1922年秋天。

在苏联，生活环境和学习环境比在法国好多了。赵世炎、陈延年兄弟等如饥似渴，一边学习俄文，一边系统地学习马克思主义理论和俄国革命的经验。赵世炎还撰写了《苏俄与美国》《世界与列宁及列宁主义》等文章。

学了一段时间列宁主义，陈延年的话也多起来，性格也发生了变化，常和同学们辩论问题，直至面红脖子粗，各不相让。陈延年曾参加无政府主义，在世界观上有自己的主见。因为有前一阶段的经历，思考问题比其他人深入。

一次，王若飞问陈延年：为什么这么认真？在留学生中，王若飞和陈延年、陈乔年交谈更多，往来更密切。陈延年表示，列宁在争论原则问题时如同猛狮，我们也要学列宁。王若飞听了，连连点头。陈延年喜欢穿列宁式工人服，戴便帽，足穿高统黑皮鞋。他的钻研精神感染了同志们，大家给他取了一个"小列宁"的雅号。很快，这个绰号就传开了。

中共旅莫支部改选时，吸收有组织能力的赵世炎和陈延年任支部领导，赵世炎任支部委员，陈延年任支部干事。在支部会议上，从欧洲来的同志批评了陈延年在中国社会主义青年团旅欧支部大会上带头提出开除张申府一事。陈延年诚恳地说："我在处理这个问题时过于偏激，不了解党与团的关系，应该做自我批评。"

陈延年的态度，得到同志们的称赞。

和蔡和森、李立三一样，陈延年生活不拘小节，经常不穿袜子。他和弟弟到上海后，经济困难，饿了吃大饼，渴了喝生水，冬天穿秋衣，没有钱买袜子，久而久之，干脆不穿袜子了。同学们不理解，一次有人问他为什么不穿袜子。陈延年正在看列宁著作，他看看自己的光脚，淡淡地一笑说，习惯了。在上海，陈延年没有钱买袜子。到莫斯科后，学校发了袜子，但陈延年已经养成不穿袜子的习惯了。

1923年春，吴佩孚制造二七惨案，并公开屠杀共产党人。中共中央在北京待不下去了，陈独秀等人将中央委员会自北京迁到广州。陈独秀悄悄离开北京，绕道上海，与柏文蔚一起赴广州。柏文蔚去广州，是因为接到孙中山写的信，说党务和军事有所咨询，即谈国民党改组和北伐之事。

夏天，陈独秀在广州主持召开中共三大，这次会议，正式接受了马林与共产国际的意见，中共党员以个人身份加入国民党，采取国共党内合作的方式，推进国民革命。陈独秀为了统一大家的思想，根据共产国际的精神，在中共三大前写了文章，主张国民革命是资产阶级革命，应该由国民党领导，最后实现资产阶级的前途。但他骨子里是反对加入国民党的，这一点并没有改变。在中共三大上，陈独秀坚持认为，孙中山应改变国民党的封建主义的做法，在军队中学习苏联红军、加强政治工作。中共三大后，因孙中山并不想按共产国际的意见改组国民党，对不断批评国民党的陈独秀发火，要开除其国民党党籍。陈独秀两头受气，1923年秋天，将中共中央迁回上海。

## 17. 陈乔年与《国际歌》歌词的翻译

1923年暑假，在莫斯科的萧三，约陈乔年一起把《国际歌》自法文翻译成中文。还在法国，当萧三第一次听到了原汁原味的《国际歌》时，就为这首全世界无产阶级的革命战歌所折服、打动，产生了把它翻译成中文的愿望。

陈乔年是个热心人，说干就干，两人找来法文《国际歌》，译一句词配一句谱，积累而成三段正歌与副歌的完整译词，然后，再对照俄文《国际歌》译词，寻找和纠正不恰当的地方。歌词翻译后，由当时在莫斯科东方劳动者大学中国班的同志练习唱。很快，同学们都学会了。

有趣的是，在他们之前，李大钊在北京已经用俄文翻译了《国际歌》歌词，但因为条件限制，没有发表。和陈乔年、萧三翻译的同时，远在广州的瞿秋白也用俄文翻译了《国际歌》歌词，并在这年6月15日出版的《新青年》季刊第一期上发表。在《译者志》中，瞿秋白写道："译曲本不必直译，也不宜直译，所以中文译本亦是意译，要紧在有声有节韵调能高唱。可惜译者不是音乐家，或有许多错误，然而也不必拘泥于书本上的四声阴阳。"瞿秋白考虑音节和汉语的协调，将International（国际）一词翻译成"英德纳雄纳尔"（后来翻译成"英特纳雄耐尔"）。

这样，李大钊、瞿秋白、萧三和陈乔年从不同的地方，不约而同地成为第一批翻译《国际歌》为中文的翻译者。

后来，从苏联回国的萧三看到了瞿秋白的译词时说："从秋白同志的译词来看，他完全是根据俄译再意译为汉文的。我们则主要是根据歌词的原文法文并参考俄译而意译为汉文的。""东大"学生学会唱《国际歌》后，随着他们回国奔赴各地，将《国际歌》歌声传遍了四面八方，和李大钊、瞿秋白翻译的《国际歌》一起，在新民主主义革命时期，深深地鼓舞了革命者的斗志。

1924年1月，在中国共产党的推动下，国民党举行了第一次代表大会，李大钊作为中国共产党党团负责人出席了大会。这次大会，标志着国共第一次合作正式形成。陈独秀是孙中山点名的大会代表（安徽），但陈独秀没有出席会议。在陈独秀内心深处，与国民党实现党内合作不是他的本意。

4月21日，由莫斯科抵达北京的维经斯基给拉斯科尔尼科夫写信。为了加强领导力量，他提出："必须尽快从东方劳动者共产主义大学派十至十五名学生来这里工作，现在确实很需要。"

维经斯基（1893—1953），1920—1921年任俄共（布）中央远东局外国处和俄共（布）中央西伯利亚局东方民族处驻华代表、共产国际远东书记处主席团委员。1920年，维经斯基到北京

维经斯基

帮助酝酿发起中国共产党，李大钊推荐他到上海找到陈独秀，在陈独秀的主持下，成立了上海共产主义早期组织。从此，维经斯基与陈独秀建立了深厚的友谊。直到陈独秀1929年被开除党籍，维经斯基仍然在苏联"中国问题研究院三次学术讨论会"上替陈独秀说话。此是后话。

　　根据维经斯基的要求和国民党"一大"后中国革命形势的急需，陈独秀和中共中央决定，"国共合作后，大批共产党人参加了国民党工作，共产党组织和训练工作受到削弱，党的刊物也不能按期出版"，希望留学同志分批回国工作。

　　李大钊出席共产国际第五次代表大会，7月1日，在共产国际第五次代表大会第二十二次会议上作报告，赵世炎、陈延年等出列席会议。根据李大钊传达的陈独秀及中央局的意见，旅莫支部常委决定，第一批派彭述之、陈延年、张申府、任弼时、尹宽、郑超麟等回国。

# 第四章　革命洪流（1924—1925）


## 1. 延年回国

陈延年、赵世炎、郑超麟、傅大庆、薛世纶、汪泽楷、于履中、蔡支华、周兆秋、傅大庆、李仲武、林可彝等在苏联的乡村过了暑假，1924年7月下旬起程回国。1923年秋天，旅法勤工俭学的学生派了第二批同学到苏联留学，其中有薛世农、刘伯坚、尹宽、李慰农、汪泽楷、于履中等。

陈乔年从幼年起就和哥哥延年生活在一起，直到这时两人才分开。二人既是同胞兄弟，又是革命战友，患难与共，生活的道路几乎完全相同。现在，根据革命的需要，哥哥要先一步回国了。乔年很想和哥哥一起回去，但在纪律和组织面前，他只有服从！

离开莫斯科的时候，兄弟俩大大咧咧，像其他同志一样分了手。弟弟年轻活泼，与同志们处得很好，延年对他很放心。分别前，延年将自己不能随身带的书籍留给了弟弟。从此，兄弟俩很少见面，除偶尔在一起开会外，分身南北，但他们的心在一起，都为革命的目标奋斗、忙碌着。

回国的路上，陈延年做队长，郑超麟做会计，凡路上花费买东西都由郑超麟负责。陈延年1919年年底离开上海，已经五年没有回国了。他一路兴高采烈，这时不仅有回到祖国的渴望，更有即将投身火热的斗争中的兴奋。旅途中他和同志们在一起，想到乔年虽然不在自己的身边，但也生活在同志们中间，于是怀念弟弟的心情被冲淡了。

火车沿西伯利亚铁路开了二十多天才到海参崴。不料到海参崴后，因等不到船，待了一个多月。直到9月下旬，陈延年、赵世炎等乘坐的海船才抵达上海。这次旅途，比一般时间延长了一个多月。

到上海后，大家住进了民国路泰安栈（旅馆）。陈延年急于与组织取得联系，他把大家安顿好后，就和赵世炎去同组织接头。第二天，陈延年、赵世炎、郑超麟、傅大庆、薛世纶等人一起到中央机关向陈独秀汇报工作。

五六年不见，父子没有特殊的喜悦，反而更"同志化"了。陈独秀觉得这样更好，他一直认为，环境险恶，儿子应该有自己的独立性。他暗暗高兴，儿子不仅身体结实了，思想也成熟了。出国的时候，陈延年是一个无政府主义者，现在，他已经是一个在法国、苏联留学五年，有丰富经验的马克思主义者了。只是乔年仍然在莫斯科，陈独秀多少有点遗憾。

陈独秀同蔡和森、瞿秋白、罗章龙等人商量，让陈延年去广州，任社会主义青年团中央驻粤特派员，加强那里的工作。共产党加入国民党后，广州已成了中国革命的中心。那里的工作如火如荼，极需要人。

赵世炎则去北方，因为他在那里读过书，熟悉那里情况。赵世炎先后担任中共北平地方委员会书记、中共北方区执行委员会宣传部长兼职工运动委员会主任，是李大钊的主要助手。除了广州、上海，北京也是中国革命一个非常重要的地区。

旅莫的同志中还有彭述之和任弼时。湖南人彭述之年龄稍大，两年前，陈独秀去苏联见过他。彭述之的文章写得不错，被陈独秀留下来，协助身体不好的蔡和森编《向导》。任弼时俄文好，去上海大学教俄语。该校由孙中山资助，瞿秋白任校教务长兼社会学系主任，邓中夏任校务长。郑超麟因为在年初给《新青年》季刊第三期翻译了一篇普列汉诺夫论辩证法的文章，经彭述之推荐，留在中共中央宣传部工作，同时在上海大学兼课。

1924年10月30日，李大钊在东方大学中共旅莫支部大会上做了《中国的事变和本团的训练》的报告。陈延年回国了，陈乔年出席了报告会。东方大学1924年已有1013人，其中党员占9%，即有近百名中共党员。研究中国问题，是该校课程之一。李大钊到东方大学给支部大会上课，主要介绍1924年冯玉祥制造的北京政变等国内重大事件。

## 2. 粉碎商团

听说相别一年多的老朋友周恩来已回到国内，并和自己同在广州工作，陈延年特别高兴。他是多么希望早日看到昔日的老朋友啊！在巴黎戈德弗卢瓦街17号小旅馆的日日夜夜，在比利时游览的两天时光，在柏林逗留的10天……只要想起过去的日子，陈延年的脑海里就呈现周恩来的身影。工作确定后，延年没有在上海逗留，立即动身赶往广州。

周恩来是1924年6月接到党要他回国工作的通知的。回国前，大家在巴黎聂荣臻的住处为周恩来、刘伯庄等送行。聂荣臻弄了些葡萄酒，由于高兴，周恩来和大家开怀畅饮，居然个个都喝得有些醉意。7月下旬，周恩来和刘伯庄、周子君、罗振声等从法国启程，由海路回国。旅欧中国社会主义青年团执行委员会对周恩来作了以下评语，为人"诚恳温和，活动能力富足，说话动听，作文敏捷，对主义有深刻的研究，故能完全无产阶级化。英文较好，法文、德文亦可以看书看报"。

周恩来到广州后，于当年10月担任中共广东区委委员长兼区委宣传部长。陈延年到广州后，和周恩来重新成了搭档，一起住进东山恤孤院路的一幢小洋房楼上。晚上，他们常谈到半夜。

谈到乔年，陈延年脸上露出一丝怅惘的神情。毕竟，兄弟俩从小到大，从安庆到上海，从上海到法国，再到苏联，从来没有分过手。母亲和祖母谢氏一再关照自己，无论走到哪里，也不要和弟弟分开。在长辈的眼里，这个世界上靠不了别人，只有兄弟靠得住。现在，要靠同志了！

不久，陈延年任社会主义青年团中央驻粤特派员兼中共广东区委秘书、组织部长兼宣传委员会负责人。

广州商团为了维护自身利益，对孙中山的广州军政府持敌对态度。1924年10月10日，国庆日，广州太平路上，数千名各界群众愤怒地高喊口号"打倒帝国主义""推翻反动军阀"向前涌进，走在队伍前列的是广东区委负责人陈延年和周恩来等。突然，枪声大作，游行示威队伍遭到反动商团军的突然袭击，慌乱的人群向四周奔去，几十人流着殷红的鲜血抛尸街头……

第二天，陈延年奔向韶关，向率军督战的孙中山、廖仲恺告急，希望大元帅孙中山当机立断，与反动商团决一死战。陈延年虽只有26岁，却老成持重。脸型很像父亲陈独秀，但有一双比父亲更锐利的眼睛，微微上扬的嘴唇流露出坚忍不拔的神情，只是阔脑门上向后梳去的满头乌发，显示出这位威仪不俗的广东共产党领导人年龄并不大。

孙中山皱着眉头，脸色变得煞白，他忍不住内心压抑的愤怒，在房间里踱步。廖仲恺招呼陈延年坐下，他对陈独秀的大公子顿生好感。孙中山停下脚步，看着陈延年问情况，征求他的意见。陈延年感到，孙先生投来的目光祥和，同时掺杂着一种掩饰不住的疲惫。陈延年建议，立刻以少数可靠的革命兵力，向一切反革命的商团和军阀军队下总攻击令……我们的工团军、农民自卫军做革命政府的坚强后盾。

孙中山点点头，继续踱步。他面前的敌人是英国汇丰买办陈廉伯、佛山大地主陈恭受及死对头陈炯明。廖仲恺支持陈延年的意见，认为商团武装不解除，广东革命政权不能巩固。在共产党的支持下，孙中山下决心要粉碎反动商团。

10月14日晚，刘尔崧、施卜领导的工团军，阮啸仙、彭湃、徐成章领导的农民自卫军，在周恩来、陈延年的领导下，配合孙中山的警卫团等精锐部队，全歼反动的商团军，陈廉伯逃进沙面租界。

粉碎商团后，陈独秀于10月29日在《向导》上发表《肃清内部》文章，充分肯定了粉碎反动商团这一事件。他认为，这次粉碎商团事件，工人、农民参加了，这个意义比孙中山领导的其他战争意义都要大。

### 3. 帮助胡志明开展工作

北京政变后，1924年10月下旬，冯玉祥电邀孙中山北上议和。孙中山决定北上，陈独秀、蔡和森等表示反对。陈独秀认为，冯玉祥是英美替代吴佩孚的新工具。商团被打败了，广东境内反动势力仍然很强大，孙中山先不消除心腹隐痛，却急着北上，是和段祺瑞搞妥协、搞军事投机。

蔡和森也认为，孙中山北上，目的是同军阀、帝国主义达成妥协。孙中山北上前要去一趟日本，想既联系苏联，又不得罪日本，在广东唱了联日高调。此外，孙中山与段祺瑞、张作霖也没有断绝联系。这次北上，意图与段祺瑞联合建立新的政府。

鲍罗廷、陈独秀、蔡和森都不知道，孙中山去日本是日本人设下的圈套，为段祺瑞独自组阁争取了时间。

年底，陈延年和维经斯基同船从广州来上海汇报工作。维经斯基、陈延年到上海后，找不到中央局，便在报纸上刊登了启事。

一天早晨，郑超麟还在睡觉，中央宣传部张伯简拿来当天出版的上海《民国日报》，广告栏内刊登一则启事说："马道甫兄：我已来上海，住××地方"。署名是林林。"林林"是陈延年的笔名，他在巴黎还有一个笔名"林木"。

张伯简急忙赶到郑超麟睡觉的地方，说："马道甫不是你的俄文名吗？"郑超麟判断说："这是陈延年刊登的启事。"根据启事提供的线索，郑超麟和张伯简立即把陈延年接到了中央宣传部。然后，郑超麟带陈延年去中央接头处。

在一幢房子天井中，陈独秀已经在等待陈延年。郑超麟心想，父子三个月不见，总会激动的，至少话要多说些。不料延年见了父亲，表情十分平淡，找了一把椅子，搬到父亲旁边坐下，两个人直接谈起工作来，根本不谈家中的事，也没有问候语。不知道的人，看不出他们是父子两人在谈话。

郑超麟见他们谈事，自己插不上话，就邀请陈延年晚上去他家睡，自己在宣传部等。陈延年愉快地答应了。

12月中旬，法共党员胡志明化名李瑞从苏联来到广州。胡志明是陈延年加入法共的入党介绍人，他到广州后，陈延年尽地主之谊，给予胡志明很多关照，直到1927年3月陈延年离开广州去武汉。广州是革命基地，环境宽松，离越南又近，胡志明在这里开展工作，举办了越南青年训练班，并亲自讲课。此外，胡志明还同越南资产阶级民族民主革命家潘佩珠多次讨论越南革命问题，包括探讨修改越南国民党党章等问题。

应胡志明邀请，陈延年、刘少奇、彭湃等中国同志为参加训练班的越南青年同志讲课。在陈延年、周恩来等同志的支持下，胡志明还创立了越南青年同志会，出版了《青年周刊》作为机关报。胡志明将刊物定名为《青年周刊》，是受了陈独秀《新青年》杂志的影响。这个时期，胡志明系统地探索了越南革命的道路及其一系列理论问题，是胡志明革命理论思想丰收时期。后来，"东亚被压迫民族联合会"宣传部出版了胡志明在广州各个训练班的讲稿《革命之路》一书。

1925年1月5日，陈延年给陈乔年、王若飞、王一飞、罗觉诸同志写了一封信。2月19日，陈延年给中共旅莫支部再次写信，请他们将东方大学的功课记录整理后托国际代表带回来。胡志明正在举办越南同志训练班，广州的同志也需要办各种培训班，陈延年想到了自己在莫斯科的上课笔记，准备亲自编写教材。

在陈延年牺牲20年后，胡志明领导的越南人民的革命斗争终于取得了最后胜利。1946年3月举行的越南第一届国会一致推选胡志明为越南民主共和国主席兼政府总理。1951年2月举行党的第二次全国代表大会，正式成立越南劳动党，胡志明当选为中央委员会主席。

## 4. 陈乔年归国

1925年夏天，陈乔年奉命回国。父亲陈独秀和中共中央派他前往北京，和李大钊、赵世炎一起工作，任中共北京地委组织部长。当时，孙中山北上，准备在北京建立新的政府，革命中心有自广州向北京转移的趋势。一时间，除了广州，北京也成为中国革命最重要的地区之一，中共中央急切需要加强北方力量。

不久，陈乔年改任中共北方区委组织部长，协助李大钊、赵世炎领导北方地区的反帝反封建的斗争。乔年回国后，兄弟俩一南一北，父亲在上海居中，三人分处三地，虽然互相之间并没有书信来往，但他们都在为一个共同的事业忙碌着。尤其是延年、乔年兄弟，心中都惦念着对方。

这时，赵世炎的爱人夏之栩也调到北方区委机关工作。她发现，乔年很活泼，爱说笑，有青年学生的朝气，充满乐观主义精神，青年同志都很喜欢他。此外，乔年还有点孩子气，休息的时候，他还喜欢和青年同志打闹。毕竟，乔年才23岁啊！

一次，王若飞来了。一进门，乔年就捣了他一下，王若飞见是乔年，高兴极了。两人很快扭打起来，从床上打到地下，滚了半天，才分胜负。他们就是以这样的方式，表达亲密的朋友、同志之间的关系。夏之栩在旁边笑得喘不过气来，说："这哪里像个区委领导啊！"

后来，夏之栩通过与他们一起留学法国、苏联的赵世炎才知道，他们在巴黎、莫斯科学习期间，就建立了深厚的感情，打打闹闹，更显得亲切。等打闹够了，陈乔年和王若飞才坐起来，正正经经地谈起工作来。

这天晚上，大家在机关加紧印刷宣传品，夏之栩和另一个女同志负责刻钢板和油印工作。夏之栩年轻，怕熬夜，夜深了常打瞌睡。乔年怕她们打瞌睡，一边写东西，一边陪着她们；忙完了自己的文章，就帮夏之栩她们印文件。夏之栩见乔年身体消瘦，劝他说："你还是早点去睡觉吧！"

陈乔年一边帮忙油印，一边说："我可不呢，我去睡了，恐怕还未睡着，你们这些瞌睡虫早就呼呼睡着了。你们睡了，文件也跟着睡了，这样，我们的工作也都睡了啦！"夏之栩常半夜打瞌睡，乔年这一说，大家哈哈大笑起来。这一笑，夏之栩的瞌睡也就跑了。夏之栩嘴上希望陈乔年去睡觉，心里却巴不得他留下来说说笑笑，这样说笑，大家都感到轻松，时间也过得快。

北方区委同志都喜欢和陈乔年在一起工作，他的乐观的性格和风趣的语言，在艰苦的环境下，无疑是兴奋剂。

但陈乔年也有不高兴的时候，他生气的时候，整天不开口。多年的流浪生活，锻炼了陈乔年忍辱负重的性格，从不轻易发火。夏之栩知道他这个特点，当陈乔年不高兴时，就想办法引他说话，直到他开口为止。奇怪得很，乔年一开口说话，烦恼就烟消云散了。

1925年春，周恩来率黄埔军校政治部参加东征，讨伐盘踞在东江的军阀陈炯明，陈延年接任广东区委书记（在此之前称"委员长"）。肃清南方内部的军阀，也是陈独秀、蔡和森等中共中央委员的意见。

陈延年担任广东区委书记后，成立了区委主席团（常委会），成员有陈延年、周恩来、张太雷、苏兆征、彭湃、阮啸仙、罗绮园、邓中夏、穆青、杨匏安、蔡畅和谭植棠等人。与此同时，陈延年将区委办事机构由万福路一间狭窄的房子迁至文明路75—79号。

周恩来到前线后，陈延年兼任中共广东区委组织部长。在广东大学教书的周佛海，曾经参与共产党的发起工作，但他自由散漫，以老资格自居，常不参加组织生活，并发表违背党的策略的言论。陈延年找周佛海谈话，提醒他注意，但周佛海以老资格自居，无悔改之意。经区委会议讨论，陈延年等将周佛海开除党籍。

## 5. 平息广州危机

1925年5月15日，上海发生了日本纱厂资本家枪杀工人、共产党员顾正红事件。5月30日下午，在陈独秀、李立三、蔡和森、瞿秋白、恽代英等人领导下，上海举行有组织的罢工游行。当2000多名示威群众行进到南京路时，遭到英巡捕开枪射击，打死11人，重伤10余人，造成震惊中外的五卅惨案。五卅惨案消息从上海传到广州，陈延年主持召开了广州市党团员大会。会议决定成立"临时委员会"，领导全市人民进行反帝斗争。

5月，陈延年以"陈东"笔名，在国民党左派创办的《革命周刊》第一期发表《民族革命与工农阶级》一文，明确提出，"只有工农阶级是最能革命的阶级"，"要靠这个力量肃清党内一切反革命分子，统一本党的观念与行动，森严本党反抗资本帝国主义与军阀的壁垒，完成打倒帝国主义与军阀的民族革命"。这个观点和两年前其父陈独秀发表的《资产阶级的革命和革命的资产阶级》《中国国民革命与社会各阶级》两文中强调资产阶级的观点，有明显的区别。

6月2日，广州各界群众万余人在广东大学广场举行集会，陈延年、邓中夏、罗亦农、阮啸仙等参加了大会。会后，陈延年主持召开了区委会议，决定立即发动香港工人和广州洋务工人举行大罢工。五卅运动的突然爆发，陈延年十分兴奋，他相信搞国民革命，必须依靠工农力量。

为了推动省港罢工，陈延年、周恩来等分配广东区委的同志到各地开展工作：邓中夏、杨殷、杨匏安被派往香港组织工人罢工；冯菊坡、刘尔崧、周文雍、施卜被派到沙面；林伟民、李森等人在广州负责筹备组织等工作。广东团区委也派出蓝裕业、陈志文等赴香港，协助组织发动青年工人和学生进行罢工、罢课斗争。

东征军出发后，广州空虚。滇、桂军阀杨希闵、刘震寰在帝国主义策动下，阴谋率领三万军队叛乱，企图颠覆广州政权。陈延年代表广东区委对廖仲恺说，应当机立断，调回东征军，消灭杨、刘武装，否则养虎为患。

廖仲恺是孙中山去世后国民党高层中左派的代表，他颇犹豫，担心敌人力量大，自己力量弱小。陈延年认为，单靠武力解决是不够的，工农群众在我们这一边，只要把连贯广州的几条铁路与近郊地区群众工作做好，广州就是一座死城；桂军不在广州，滇军就成了瓮中之鳖。它有什么办法南来南打、北来北打呢？

廖仲恺怕调部队回来，影响北伐的士气。陈延年认为，滇、桂军是心腹之患，假如不下决心消灭他们，就无法肃清内部反动势力，无法统一和巩固广东革命根据地，更谈不上推进北伐。因此，广东区委坚决主张反击。

在先肃清南方军阀、巩固广东根据地然后再北伐这一点上，陈延年和父亲陈独秀是一致的。

在陈延年等人坚决坚持下，廖仲恺和国民政府接受了消灭杨、刘军阀的主张。6月12日，周恩来等率领东征军和黄埔军校学生组织的突击队向杨、刘叛军发动了总攻击，与此同时，陈延年、阮啸仙、刘尔崧等发动广州工团军、广州郊区以及番禺等地的农民自卫军配合作战。陈延年还与团区委一起，组织广大团员、青年成立宣传队，奔走街头，四处宣传。经过一天的战斗，终于把盘踞在广州市区的滇军全部击溃。

战斗结束后，周恩来身穿戎装，佩戴着红布臂章回到广东区委。见到陈延年时，两人兴奋地握手庆贺。

就在这时，与陈延年、周恩来一起留学欧洲的张伯简因肺病在广东去世了。1924年，张伯简从苏联回国后，到中共中央宣传部工作；1925年，中央派他到广东滇军做工作，不料战事结束后他就不幸去世了。

## 6. 沙基惨案

消灭了广州城内的滇军军阀，陈延年又将精力投入到省港罢工上来了。

1925年6月15日，陈延年签署了广东区委《告广东人民书》，其中指出："为了继续维持对中国的压迫和剥削，帝国主义采用了最野蛮、最残忍的手段来对付中国民族解放，特别是对付中国工人运动。"四天后，在中华全国总工会秘书长、中共党团书记邓中夏、陈延年、苏兆征等人的领导下，香港25万工人举行大罢工，拥护上海工商学联合会对五卅惨案提出的17项条件，并提出政治自由、法律平等、普遍选举、劳动立法、减少房租、居住自由六项要求。罢工发起后，10万工人离开香港回到广州。隔日，广州沙面租界工人也宣布罢工，广州市英、日、美洋行及私人住宅雇佣的工人纷纷加入罢工的行列。

陈延年对工人领袖苏兆征印象很好，认为苏兆征党性很强，工作很踏实，能任劳任怨，不辞劳苦，是个优秀的工人领袖。

1925年阮啸仙、陈延年（左二）、刘尔崧、冯菊坡

6月23日，在陈延年、周恩来等率领下，广州工人、农民、学生10万人集会于东较场，举行声讨帝国主义的示威游行，示威者沿途高呼"打倒帝国主义""取消不平等条约""援助上海五卅惨案"等口号，秩序井然地前进。下午一时半，当游行队伍经过沙面租界对岸的沙基西桥口时，遭到英帝国主义军警的排枪射击和军舰炮轰，手无寸铁的游行群众猝不及防，造成死亡52人、伤170余人、轻伤无数的沙基惨案。

沙基惨案发生时，陈延年和周恩来在现场指挥群众隐蔽、疏散，并派工作人员进行现场调查。当晚，陈延年、周恩来等召开了区委紧急会议，研究对策。会议决定扩大罢工，组织罢工工人纠察队，全面封锁香港。

会后，陈延年还与廖仲恺磋商：组织各界请愿团，要求国民政府外交部立即向帝国主义驻广州领事提出最严正的抗议，收回沙面租界，一切外国军舰撤出白鹅潭，惩办凶手及其后台，赔偿损失，抚恤被害者的亲属，并宣布对英经济绝交等。

有的同志担心，与国民党商量，会不会被他们夺取了罢工领导权。这是个重要的策略问题，需要有很高的理论水平和政策水平才能解决。陈延年在莫斯科钻研了列宁的辩证法思想，善于辩证地思考和处理复杂的问题，他坚决地表示，我们不仅要国民党过问，而且要拉国民党来过问，这样做，才能取得国民党的物质援助，才能得到它政治上的支持；这与领导权问题完全是两码事。而且会不会把领导权失掉，主要是由党在罢工工人群众中工作是否努力来决定，与国民党过问与否无关。

陈延年的领导方法，得到了广东区委同志的赞赏。在广东区委的正确领导下，省港罢工顺利地发展。

7月3日，中华全国总工会组成以苏兆征为委员长兼财政委员长，邓中夏为委员会党团书记、顾问和工人纠察队训育长的省港罢工委员会，加强对罢工的领导。罢工委员会组织两千多人的纠察队，运用罢工、排货、封锁三项有力武器，严密封锁香港和沙面租界的对外联系。广东革命政府接受陈延年等人的意见，宣布与英国在经济上绝交，香港成为死港、臭港。

陈延年经常到罢工委员会了解情况，指导工作。他夸赞工人纠察队，我们的武装队伍真好，既精神，又工作熟练，比之萎靡不振的军阀部队大不相同。

为了纪念省港大罢工期间发生的"六二三"惨案中的死难者，黄埔军校编辑了《沙基屠杀中党立军校死难者》一书，周恩来为该书写了题为《沙基惨案与廖党代表之惨死》的悼念文章。国民政府将沙基路改名为"六二三路"，并于"六二三"惨案一周年之际在沙面西桥建起了一座碑，上刻"毋忘此日"四个大字。

中华人民共和国成立后，广州市政府于1954年在沙面东桥建造起一座更加雄伟的纪念碑，碑文刻着"一九二五年六月二十三日沙基反对帝国主义斗争中牺牲的烈士们永垂不朽"。

## 7."六不"主义

陈延年主张在省港罢工中与国民党合作，不仅是考虑到共产国际和中央局关于国共合作的精神，根本原因是他接触工人多，不怕国民党架空自己。

到广州后，陈延年经常和沈青、周文雍等人到万福路、大南路和东堤等一些手车工人聚居的地方，与工人接触，在工人中发展党的力量，组织手车夫工会。去之前，陈延年脱下西装，穿上短袖褂，很快学会了拉黄包车。周文雍即后来和陈铁军在刑场上举行婚礼的烈士，他十分推崇陈延年朴实的工作作风，常以陈延年为榜样，深入工人群众中开展工作。

一天，拉黄包车累了，陈延年在东堤一带的二厘馆和工人一起吃饭。工人的粤语很难懂，周文雍就替陈延年当翻译，工人说一句，他翻译一句。时间长了，陈延年也学会了几句常用的广东话，偶尔插在谈话中间，工人听了十分亲切。陈延年身体结实，不怕皮肤晒黑，拉起车来卖力。黄包车师傅后来知道陈延年是留学的大知识分子，更尊敬他了，见面亲热地喊他"老陈"。"老陈"和他们谈起来，总是笑呵呵的，气氛十分融洽。

周文雍曾与陈延年谈到，香港的《工商日报》刊登文章说，共产党的干部当手车夫。说的就是你啊！陈延年一边吸烟，一边笑着说："如果工作上需要，不管任何同志，去当手车夫者都是光荣的。"

为了节约时间，陈延年给自己规定了几个不准："不闲游、不看戏、不照相、不下馆子、不讲衣着、不作私交。"同志们说他实行"六不"

主义，陈延年听了为之一笑说："为了革命，应当如此。"

在法国和莫斯科留学时，陈延年以学习为主，全身心研究问题，探索真理，除了在去莫斯科途中，在比利时和柏林时偶尔游玩外，很少专门游玩。他很少看戏，这一点和弟弟乔年有区别。陈乔年性格活泼，从小就喜欢扮演戏中人物，模仿英雄。陈延年不喜欢照相，自巴黎到莫斯科，为了办护照，拍了一张单身照，这是他唯一流传的西装照。此外，他于1922年出席旅欧中国少年共产党会议时，和同志们照了一张合影。领导省港罢工期间，陈延年难得和阮啸仙、刘尔崧、冯菊坡照了一张合影。

陈延年不讲究衣着，他的卧室也十分俭朴：一套床板，一张席子，一条很粗的毛毯和一条被子。床头经常摆着一个黄色皮包，那也是他的枕头。陈延年和其他同志一样，领取最低生活费，同饮共食。冬服一套，黑筒皮鞋一双；夏服两套，仍然保持不穿袜子的习惯。他唯一的嗜好就是每天抽几支价格便宜的香烟。

一次，一位刚从广东大学调到区委工作的青年党员在领到30元生活费后，花了10多元买了一套时髦的西装。陈延年看了不舒服，对他说：听说你把生活费买了西装，青年人希望穿着好一点，这当然可以理解。但事事要以党的利益为重，不能讲享受，我们是党员，不是公子哥儿，要艰苦奋斗。这位年轻同志听了区委书记的话，再看看陈延年身上朴素的衣服，十分惭愧。

事后，阮啸仙和陈延年说："老陈，你也该谈对象了。为了工作，也需要有个人照顾你呀！"平常，陈延年埋头在工作上，很少和女同志接触，从不谈恋爱。陈延年笑着说："工作忙，顾不上了。""恐怕是自己不想谈吧？"阮啸仙说。

陈延年小时生过病，所以皮肤黑，看上去精神不很好。留学时，郑超麟喜欢喊他的绰号"老腐败"。但陈延年工作起来精神很好，一点不疲沓，做事果断。

谈到最后，陈延年和阮啸仙说了心里话："中国女人的心里，真有不可思议的标准。强健的体格是一个重要条件，在苏联，面孔白白的，没有胡子的男人，会被女人遗弃的，但中国女人偏喜欢小白脸，所以我的大黑脸，在中国就永远找不到女人了。"

陈延年这样说，也不完全对。谭平山的妹妹对陈延年就有好感，但陈延年一心扑在工作上，没有把自己恋爱、结婚提上日程。

黄平在《回忆陈延年》一文中，谈到陈延年艰苦朴素的生活作风，说："他吃饭睡觉都和工友们在一起，也从没有找过女朋友，全部精力都用于工作。有个俄国顾问曾经对我说过：'陈延年不但思想是无产阶级的，而且相貌也是无产阶级的'。确实，他经常把头发剃光，穿工人的服装，简直跟工人一模一样。"

## 8. 如果怕死，就不要做共产党员

1925年夏天，组织上同意周恩来与邓颖超这两位志同道合、心心相印的革命战友结合为夫妻。二人在天津读书时，就因为从事学生运动认识了。周恩来任中共广东区委员会军事部长兼黄埔军校政治部主任，而邓颖超远在天津，任中共天津地委妇女部长兼天津各界联合会主席团主席。为此，党组织决定调邓颖超来广东区委会工作。

接到周恩来的信，邓颖超来到了广州。周恩来很忙，自己走不开，不得不请陈赓去码头接邓颖超。陈赓是湖南湘乡县（今湘乡市）人，1922年在长沙加入中国共产党，1924年5月考入黄埔军校第一期，11月底毕业，留校任第二、三、四期入伍生连连长、副队长。在军校期间，陈赓受到周恩来、陈延年、恽代英、聂荣臻等的器重，参加军校中共党支部的工作，是青年军人联合会的负责人之一。

陈赓去码头，没有接到邓颖超。原来，邓颖超在码头没有看到周恩来，直接找到了周恩来工作的地方。到了周恩来的住处，邓颖超简单收拾了一下房间，然后赶到中共广东区委会，向区委书记陈延年报到。

陈延年热情地接待了她，说，组织上准备安排你担任广东区委委员兼妇女部长，现在是国共合作时期，你同时要到国民党广东省妇女部，协助部长何香凝做广东妇女工作。谈到广东的复杂形势，陈延年说，当前国共两党合作并不顺利，而一些新右派也在蠢蠢欲动，伺机搞分裂活动。我们共产党应该有所准备，要广泛动员和团结人民群众，要坚决支持国民党左派同右派的斗争。

陈延年最后说，恩来工作非常忙，既要做党内的工作，又要做统一战线的工作，还要做黄埔军校的工作，有时几天几夜得不到休息，希望你来了之后，除了做好自己的本职工作以外，要很好地配合周恩来，照顾好他的生活和身体。

邓颖超是第一次见到陈延年，对延年朴素的穿着和和蔼的态度留下很深的印象。她表示，在做好自己工作的同时，会照顾好周恩来同志的身体，请组织上放心。

8月，周恩来和邓颖超结婚了。原来，他们不准备举行什么仪式，也不准备设宴请客，一切从简。但黄埔军校的许多同事知道了这件事，非要见一见新娘子，还闹着要他们请客。周恩来推脱不了，便在自己的简易住所请了两桌客人，其中有国民党人邓演达、何应钦、钱大钧、张治中等，共产党人恽代英、熊雄、高语罕、陈赓、张婉华等也参加了宴会。刚到广州的李富春和蔡畅是周恩来留学时的战友，听说周恩来结婚，也急急赶来参加。

1925年8月20日，广州国民党中央党部门口，一辆轿车疾驰而来、戛然而止。廖仲恺及夫人何香凝缓缓下车，就在这时，枪声大作，一阵枪林弹雨之后，身中四弹的廖仲恺倒在血泊中，眨眼间暴徒无影无踪。

孙中山去世后，在国民政府四大支柱廖仲恺、汪精卫、胡汉民、许崇智中，廖仲恺是国民党左派领袖，早已是国民党右派的眼中钉。孙中山临死前对身边的汪精卫、廖仲恺等人说：我看你们真是危险的。我如果死了……敌人一定要加害你们。没有想到，孙中山的话成了谶语，不到一年，就在廖仲恺身上得到应验。

廖仲恺1920年曾在经济上支持延年、乔年去欧洲勤工俭学。他被杀后，陈延年领导中共广东区委发动广州市五万多人举行示威游行，要求国民政府肃清内奸，镇压反革命。

中共广东区委内部，一部分党员因廖仲恺被刺事件，产生了畏惧情绪。在白色恐怖笼罩下，陈延年也想到了自己的生死问题，他在召开区委党员大会时，教育大家说：一个共产党员的牺牲，胜于千万张传单；如果怕死，就不要做共产党员。廖仲恺不是共产党员，都不怕死，何况自己还是共产党员呢！陈延年早已将自己的生死置之度外。

### 9. 聂荣臻到广州

廖仲恺被刺杀后，陈延年到上海汇报廖案，晚上住在郑超麟家，和旅法勤工俭学的老同学睡一床。

陈延年向中央汇报工作，从不自己动手写报告。他在法国编杂志，与各种思想作斗争，很会写文章，但回国担任中共广东区委书记后，因为工作忙，一般文字工作，请秘书和其他同志去做。特别重要的书面报告，也经常是自己口述，别人写，然后修改。这样的写作方法，逐渐地成了他的习惯。

郑超麟问他：你不是很能写文章吗？陈延年回答说：要我写文章，我宁愿挑大粪。后来，郑超麟看到陈独秀早年在《甲寅》杂志上发表的文章，才知道这是他父亲说过的话。

这会儿，秘书不在身边，陈延年便口头讲，请郑超麟做记录。在郑超麟住的亭子里，陈延年抱着茶杯，边走边说有关廖仲恺被暗杀的情况，郑超麟迅速地把他的话一句一句地记下来。郑超麟不太清楚廖仲恺被杀的情况，现在陈延年的口述，让他知道了一些内幕。陈延年口述完了，接过郑超麟的记录，仔细看了一遍，稍稍修改后说：就这样。郑超麟一看，居然是一篇很好的报告。

1925年9月上旬，聂荣臻等人到达上海。他在夏天接到回国的通知，8月上旬和王一飞、叶挺等二十多人离开了莫斯科。1923年3月开始，留欧支部根据陈独秀的意见，分批派人到莫斯科东方大学学习。陈延年、陈乔年等是第一批去的，刘伯坚等是第二批去的，聂荣臻是第三批去的。

在旅馆住下后，负责党中央秘书处工作的王若飞带聂荣臻等人去见陈独秀。陈独秀是当时赫赫有名的人物，聂荣臻在法国留学时，认识了他的两个儿子延年和乔年，但还没有见过他本人。陈独秀是党中央的总书记兼组织部长，直接分配聂荣臻等人的工作。

聂荣臻于1919年年底到法国勤工俭学。他出生在四川江津。这里濒临长江，丘陵起伏，自然风光秀丽。碰巧的是，24年后，即1942年，陈独秀逃避战乱而来这里生活多年，并死于这里。

到了陈家，陈独秀拿出一张纸，是已经分配好的方案。他说，你们的分配去向，已经安排好了，我们先认识一下。根据陈独秀的安排，到南方工作的是叶挺、聂荣臻、熊雄、张善铭、纪德福、杨善集等12人。到北方工作的是李林、范易等人。王一飞、颜昌颐留在中央部门工作。按照名单上的名字，陈独秀一个一个地问王一飞、叶挺、熊雄、聂荣臻、颜昌颐等人的情况。

陈独秀说，你们回来好哇！一部分人到南方，一部分人到北方。到南方主要是去加强黄埔军校的工作，具体岗位，到了，广东区党委再定。到北方主要是加强冯玉祥西北军里的工作。你们要参加国民革命，这个革命的性质是资产阶级民主主义革命，你们参加这个革命，使革命取得成功，就是好事情。

聂荣臻当时想问，到黄埔以后工作怎么办、将来我们为着什么。陈独秀没有讲，聂荣臻第一次见陈独秀，也不好问。他发现，陈独秀不喜欢军事问题，大家汇报在莫斯科学习军事的情况时，陈独秀一言不发。

在上海待了一个星期，聂荣臻去广州。到广州后，聂荣臻在中共广东区委办公大楼见到了区委书记陈延年和区委军事部长、黄埔军校政治部主任、第一军政治部主任兼一师党代表周恩来。阔别一年，留法战友重逢，倍感亲切。

周恩来从1925年2月起一直在进行东征，率部讨伐陈炯明，打了几个月仗，把陈炯明的军队赶出了东江地区。6月，为讨伐军阀刘震寰、杨希闵叛乱，又回师广州。他愉快地告诉聂荣臻，因为黄埔军校学生军觉悟高，纪律好，所到之处，各界群众热忱欢迎，大力支持，所以东征和镇压刘、杨叛乱的作战，都很顺利。

谈到廖仲恺被刺，国民党右派极力阻挠革命，使革命阵线不能同心协力，共同对付帝国主义和军阀势力时，周恩来忧心忡忡地说，陈炯明趁东征军回师之机又卷土重来，霸占东江，因此正忙于组织第二次东征。

1925年9月28日，中共中央在上海召开了四届二中全会。陈延年因为时间来不及，没有出席这次会议。维经斯基当天在北京写书面报告说："在这次会议上将有来自一些省委的代表，只缺少广州的代表，因为短时间也不能从那里召来党委书记和那里的中共委员。"所谓"党委书记"是指陈延年，"中共委员"指谭平山。

这次会议决定：非必要时，我们的新同志不再加入国民党，不担任国民党的工作，尤其是高级干部。因此，周恩来、陈延年、郑超麟以及陈乔年等后来从莫斯科回国的同志，没有加入国民党。

## 10. 高君曼到南京

1925年初冬，高君曼因和陈独秀经常吵嘴，一气之下，带两个孩子到南京去了。

一天中午，汪孟邹因头天晚上在陈独秀家回来迟了，头脑晕乎乎的。他对汪原放说："仲翁脾气真不好，暴躁、性急。君曼总是哭、号。其实，陈仲翁是黄牛火性，发起火来，不可收拾，过一下，又好了，没事。君曼也很强，不肯让。昨夜回来实在太迟，没睡好，今天非睡午觉不可，头昏脑涨的，不能做事啊！"

仲翁夫妇吵架，老是在吵得不可开交时，要叫人把汪原放的大叔叫去，不止三番五次，汪原放实在记不清有多少次了。

高君曼走后，陈独秀脾气犟，走就走吧，也放不下架子去南京请，一个月寄50元，算是高君曼和两个孩子的生活费。内心里，陈独秀对高君曼有恻隐之心，但从不外露。

冬日的一天，陈独秀到四马路亚东图书馆，汪孟邹对他说："高君曼到上海来了。"

陈独秀"哦"了一声，迟疑了一下，说：她什么时候再来，我想见见她。

晚上八点，陈独秀又来到五马路，没有见到高君曼，坐了一下，快快而去。

第二天，高君曼来了。"仲叔昨晚来想见你。"汪原放一见面就说。汪孟邹见高君曼脸色苍白，人很瘦弱，忙叫她进屋坐。

高君曼站在门栏边说，我今天去看病了，医生说我得了肺病，这是穷人得了富人的病了。高君曼苦着脸笑了一下。

肺病是高君曼的老毛病了，汪原放很同情她的处境，建议她不要去南京。

"到南京是为了省一点生活费。在上海，我还有百十来元生活费；到南京，他只寄给我50元，太少了。这不是明明要逼我上死路吗？"说着，高君曼的眼泪已流了下来。高君曼和两个孩子到南京后，生活没有其他来源。

"仲叔太忙，也没有办法。党里事务繁多，他怕没有功夫回家。"汪原放劝道。汪孟邹白了侄子一眼，问："在南京住哪里？"

"哪有什么好地方住，就一间草屋，几件破家具，像叫化子一样。"高君曼说。1913年"二次革命"失败后，陈独秀躲避到南京时买了草房（东厂街56号）。

见高君曼伤感，汪孟邹不再问，陪着又劝了一会儿。

## 11. 国民党"二大"

1925年12月中旬，张国焘代表中共中央，绕道香港去广州参加国民党第二次全国代表大会，肩负出席此次大会中共党团负责人的任务。张国焘临行前，陈独秀预料出席会议的同志会积极争取在国民党中央委员会中的名额，请张国焘多做些说服代表的工作。关于大会方针问题，陈独秀估计陈延年、周恩来、毛泽东等人和自己的意见不一致，

果然，对于中央和共产国际关于国民党大会方针的联合指示，陈延年、周恩来等广东区委极为不满。12月17日，他们发给中央的长篇电报说："所有这一切并没有造成必须在党中央机关排斥共产党人，相反，应当加强……那种认为共产党占据这种地位不应靠他们在省和中央机关中的数量，而是靠自己在基层的影响的反对意见现在已经过时了。"

陈延年认为，共产党在基层是清一色的，但共产党仅仅在基层，而不在上层机关，这种上下脱节势必给广东50万有组织的农民工作即基层工作造成混乱。因此，他主张在国民党"二大"选举中央委员会时，要争取共产党员在国民党中央委员中的比例，以适应国民革命的实际需要。

在这个电报中，陈延年、周恩来等明确提出了两个方案：其一，在

国民党中央的30人中，1/3应是共产党人，1/2候补中央委员应是共产党人，以便在基层开展工作。其二，在国民党中央的40人中，1/2应是共产党人，候补中央委员中的共产党人和前者同。经过努力，这个方案得到了中共中央临时委员会和汪精卫的认可。

陈延年对国民党右派始终保持高度的警惕。12月15日，他写信给中共旅莫支部书记袁庆云时还说，"由粤去孙大之学生中有孙文主义学会中之分子，望莫支加以注意为盼"。"孙大"即莫斯科孙中山大学，"莫支"即中共莫斯科支部。

但这份对中央局和共产国际联合指示信不满的电报，遭到了陈独秀和共产国际代表的反对。维经斯基认为，陈延年等人或者"广州人"对全国形势的分析是错误的，即没有看到反革命的进攻，以为革命高潮即将到来。而且，电报只谈左派和右派，忽视了中派。结果，将中派推向了右派一边。

共产国际远东局主任维经斯基和拉菲斯、福京在九个月后写的报告中，提到了陈延年等人的这份电报："正当整个的政策的主要任务是巧妙地应付中派，使他们跟右派发生分裂进而孤立右派的时候，我们同志和汪精卫的方针却在客观上导致了中派和右派的联合，把中派推向了右边，把他们开除出中央……导致了左派和中派的彻底破裂和蒋介石的武装发动。""我们的同志"指的就是陈延年等中共广东区委的同志。"蒋介石的武装发动"指三二〇事件，维经斯基等远东局将中山舰事件诿过于陈延年等人的革命策略。

给中共中央电报不久，中共广东区委于1926年1月1日国民党第二次全国代表大会开幕之日，发表了《对中国国民党第二次全国代表大会宣言》，指出，中共党员加入国民党是为了发展国民党和进行国民革命。国民党改组以来，中国共产党是孙中山政策"最有力的拥护者"，是历次革命运动中"最勇猛的奋斗者"。而国民党内的反革命分子却代表帝国主义和军阀的利益，"极端的排除共产党员"。宣言指出："国民党中旧有之反革命势力在淘汰之列，因为他们的利益与革命是相反的。国民党既然成为真正的指导革命的团体，决不能与他们相容。"希望国民党第二次全国代表大会能使国民党在左派领导之下发展成一个群众的政党，能使广东的革命基础扩大到全国。

这个思想令人振奋，将打击的目标指向了国民党右派，强调国民党左派的领导。遗憾的是，它只是中共广东区委领导人的思想，并不能代表共产国际远东局以及陈独秀领导的中央局的观点。

共产党与国民党合作后，尤其是孙中山去世后，两党矛盾日益突出。国民党右派反对共产党加入国民党，认为这会造成国民党党中有党。蒋介石在获得了苏联的经费支持后，羽翼丰满，也想尽早与共产党脱钩，认为共产党碍手碍脚，阻碍了他早日以军事统一中国的计划。

# 第五章 恶浪排山（1925—1926）

## 1. 要不得的安抚政策

张国焘到广州后，立即召集出席国民党"二大"的共产党代表开会，有毛泽东、周恩来、吴玉章、陈延年、聂荣臻、萧楚女、董必武、林伯渠、恽代英、张太雷、茅盾等人。此外，朱蕴山、高语罕以特邀代表资格出席会议。

会上，张国焘宣读了陈独秀的信，其中说：现在革命处于低潮，因此统一战线上应采取让步政策，要把国民党的各方面人物都包括进国民党中央委员会中去，这样才能团结国民党。陈独秀、张国焘等人的意见和鲍罗廷及中共广东区委意见差距很大，他们计划在大会上打击右派，提出开除孙科、戴季陶等人的党籍。张国焘的发言，引起了毛泽东、陈延年等人的不满，会上一时议论纷纷。

毛泽东说："出席'二大'的代表278人，共产党和国民党左派有168人，中派有65人，占了绝大多数，右派仅45人，这是大家努力的结果，如果我们现在不利用这个好形势，孤立右派，而是将各方面人物选进来，将来只会给我们的工作带来损失。"1925年，毛泽东写了《中国社会各阶级的分析》，因为在农民问题上与陈独秀有分歧，未在《向导》

上发表。后来，毛泽东的文章在12月1日出版的国民革命军第二军司令部办的《革命》月刊第4期上发表了。1936年，毛泽东对斯诺说："大致在这个时候，我开始不同意陈独秀的右倾机会主义政策。我们逐渐分道扬镳了。"其实，陈独秀是在维持统一战线，是按共产国际决议办事。

陈延年也不满意共产国际、中央局包括父亲定下的方针，说，这样做，只会增加国民党右派势力。信上居然点名要把戴季陶、孙科这样的右派人物选进中央委员会，这不是妥协退让吗？

陈延年对戴季陶底细一清二楚。广州孙文主义学会，头面人物是戴季陶、王柏龄、贺衷寒、缪斌等，背后人物是蒋介石。戴季陶之所以中途退出邹鲁、谢持的西山会议派，是因为他嗅出了反对共产党的力量就在蒋介石的广州国民政府内。

周恩来赞同陈延年、毛泽东的意见。对陈独秀领导的上海中央局，周恩来也有看法。在第二次东征中，周恩来发现蒋介石排斥军队中的共产党，即和鲍罗廷、陈延年商定，组织我党独立领导的正规军，但遭到陈独秀等人的反对，结果只在李济深的第四军组织了叶挺独立团。

张国焘见陈延年、毛泽东等人发言反对陈独秀的意见，作为这次会议的党团书记，他用不容商量的口气说，这是中央局根据形势分析作出的必要的策略，现在不能修改，而是要执行。

1926年1月19日，国民党"二大"闭幕。毛泽东、董必武、恽代英、吴玉章联合国民党左派势力，没有完全执行陈独秀、张国焘等人的退让政策。在他们的努力下，会议开除了邹鲁、谢持等人的党籍，给林森书面警告，戴季陶因为中途退出西山会议派，没有受到严处，但要求他反省检查。邹鲁、谢持、林森、居正、张继等人于1925年11月23日至12月2日在北京西山碧云寺孙中山灵前召开不够法定人数的"国民党一届四中全会"。这些人被称作"西山会议派"。

根据共产国际的精神，陈独秀、张国焘等人采取了退让政策。大会选举的36名中央委员中，仅七人是共产党代表：谭平山、吴玉章、李大钊、恽代英、林伯渠、杨匏安、朱季恂，候补执行委员有毛泽东、董必武、邓颖超、夏曦等。

选举结果出来后，共产党代表十分不满，对张国焘、陈独秀等人很有意见。这个百分比和陈延年等人的预想相差太远。张国焘在广州局促不安，大会一结束，就匆匆乘火车离开广州，回到上海。

大会闭幕后，茅盾正整理行李，准备回上海，陈延年派人来找他。

到了广东区委办公室，陈延年对茅盾说："你和恽代英都得留在广州工作。"根据中央局和广东区委的意见，恽代英到黄埔军校任政治教官，茅盾到国民党中央宣传部任秘书，和代理宣传部长毛泽东一起工作。国民党新中央委员会选举汪精卫为国民政府主席兼宣传部长，汪精卫认为身兼两职忙不过来，请毛泽东代理宣传部长。

茅盾表示服从工作需要。他与恽代英留在广州期间，陈延年还请他们给当地的干部上课。国民党中央宣传部所在大楼的左侧空地上，有一个临时搭起来的木棚，这就是中共广东区委政治讲习班的教室。政治讲习班的主任是李富春，毛泽东给这个讲习班讲农民运动，何香凝讲妇女运动，萧楚女、恽代英讲工人运动，茅盾讲革命文学。周恩来、陈延年也经常来上课。

## 2. 陈独秀失踪

国民党"二大"后，张国焘因为阻止陈延年等人争取共产党在国民党中央委员的比例的方针，导致蒋介石大权在握，急忙离开广州，赶回上海。他的第一件事，就是去环龙路铭德里二号向陈独秀汇报。不料陈家大门上了锁，连问了几个邻居，都说已有几日没有看到陈先生了。张国焘去中央秘书处，碰到了中央秘书、任弼时的堂兄任作民。他问陈先生在哪，任作民告诉张国焘说：陈先生说要有几天不来办公。

过了几天，还是不见陈独秀，张国焘判断陈独秀出事了。"老头子如果要做官，可以做很大的官，想不到今天落得这样下场。"张国焘的声音有些呜咽了。上海反动势力一直在打听中央局办公机关，上两回抓了老头子，都被迫释放了，这回他们很可能将老头子秘密处死了。

当天，任作民去了亚东图书馆。他知道，亚东图书馆老板和陈独秀关系密切，说不定知道陈独秀的去向。汪孟邹说，朱蕴山、薛卓汉从广州来，仲甫还来坐了一会儿。这一段时间仲甫情绪不好。前一阵子，仲甫和太太闹得很凶，已提出离婚，我劝了几回，才答应不离，陈太太已和两个孩子回南京去了。

任作民问陈先生是不是与高夫人一同去了南京。汪孟邹认为，他们夫妇闹得很凶，高君曼拿报上别人骂仲甫的话骂他，仲甫很生气，两人感情怕真是没有了。

从亚东图书馆回来，任作民和蔡和森、瞿秋白、彭述之等人商量，认为此事非同小可，如果是国民党右派分子陷害，问题可就大了。于是，任作民在《民国日报》刊出了"寻人启事"，寻找陈独秀。

陈延年在广州也感到蹊跷：怎么近来不见老头子写文章了？国民党"二大"召开时，陈独秀还来信，谈到发展朱蕴山入党之事。尽管对父亲的让步政策有意见，但老头子失踪了，延年还是着急，托人带信问父亲的下落。

这时，奉系军阀张作霖与直系军阀吴佩孚打败冯玉祥部后，在帝国主义支持下，准备直接向广东革命根据地发动进攻，并挑拨国共两党关系。上海反动势力也十分嚣张，12月中旬杀害上海总工会代委员长刘华，并全力搜索中共中央机关。共产国际来电主张中央机关迁移，加上陈独秀失踪，中共中央决定2月21日至24日在北京召开特别会议。

陈延年、任弼时、瞿秋白、谭平山、李大钊等12位代表出席中共中央北京特别会议。周恩来没有出席北京的会议，他仍留在广州工作。

会议议事11项，讨论政局与党的任务、中央地址问题、国民党问题、北京的军事政治工作问题、巩固广东根据地问题、反吴宣传问题等。本来，会议还要讨论陈独秀突然失踪问题，好在会议开始后，即收到陈独秀由上海来电，说："已经能扶病视事。"陈独秀失踪之谜才算解开，大家松了一口气。

陈独秀这期间的确生病了，得了伤寒住进医院。本来，陈独秀因为生病，精神低沉，但他因祸得福，与一个女医生日日见面，度过了一段愉快的时光。他不愿意将此事公开出来，便告诉任作民一句含含糊糊的话，说近几天不到办公处来。好日子过得快，他不知道张国焘等人已急得团团转，到处找他。报上刊登任作民发的"寻人启事"后，陈独秀知道不妙，这时病已好了，赶紧出院吧。

和陈独秀来往甚密的女医生叫施芝英，是以前陈独秀看病认识的。高君曼和陈独秀分居后，陈独秀不耐寂寞，便和施芝英同居了。施芝英比陈独秀小20岁，安徽泗州双沟下草湾人。

任作民见陈独秀来了，大大松了一口气，他递了一张《醒狮周报》、一张《民国日报》给陈独秀看，上面刊登了寻人启事。任笑着说，你再不出来，我们都打算替你开追悼会了。

### 3. 陈乔年受伤

这次到北京开会，陈延年特别高兴的是又见到了弟弟乔年，兄弟两人有半年没有见面了。陈乔年到北京后，任北京地委组织部长，直接协助李大钊、赵世炎工作。在中共北京地委领导人之中，陈乔年是最年轻的一个。赵世炎仅比陈乔年长一岁，任中共北京地委书记。

陈延年回广东路经上海时，照例住到郑超麟家。晚上闲谈时，郑超麟问陈延年："鲍罗廷和你父亲好像闹过意见？"

陈延年说："鲍罗廷对陈独秀很不满意，曾说'上海中央只懂得世界无产者团结起来，其他什么都不懂得，即只懂得原则，不懂得应用'……"提到父亲，陈延年仍然直呼其名。郑超麟已经习惯了。

关于陈延年同上海中央的争论，郑超麟不大清楚，他换了个话题，问起他见到乔年的情况。谈起弟弟，延年觉得，弟弟在恋爱问题上做得不对，影响不好。

原来，陈乔年与史静仪恋爱了。湖北人史静仪和彭述之夫人陈碧兰是最先到苏俄学习的女共产党员。到苏联前，史静仪和刘仁静已经确立了恋爱关系。1925年史静仪从苏联回国后，被党组织分配到北方区委工作。这正符合史静仪的意愿，因为她爱上了陈乔年，不愿意到上海和刘仁静在一起工作。当时，刘仁静在上海共青团中央负责编辑《中国青年》杂志。

郑超麟听了，哑然失笑。在他看来，延年和乔年兄弟在恋爱问题上，完全是两种人：一个超前，一个古板。

3月12日，发生了日本军舰炮轰大沽口事件。当时冯玉祥国民军与奉系军阀交战，日军轰击冯玉祥军队，炸死炸伤十余位国民军官兵。事件发生后，日本联合美、英、法等八个帝国主义国家发出最后通牒，提出要中国驻军撤出大沽口等无理要求。3月18日，在李大钊、赵世炎、陈乔年等领导下，北京5000多人走上街头抗议示威，段祺瑞下令开枪，打死47人，重伤200多人。

乔年自莫斯科回国不到一年，血气方刚，去铁狮子胡同与段祺瑞的军队拼搏时，不幸被敌人刺刀刺中前胸。陈独秀的朋友潘赞化在《我所知道的安庆两小英雄》中提到陈乔年受伤的事："1926年3月17日，北京爆发了反对帝国主义的示威运动，有人已被军阀镇压受伤，人心益奋。次日，18日，更大的示威游行又发动了，当天李大钊与乔年皆参加在内，乔年胸前曾受兵士刺刀之伤，几穿心脏，衬衣都被鲜血染红，即入医院疗养。不久即调上海。"

这一天，鲁迅的学生刘和珍、杨德群是47位死难者之二，受伤的200多人中，就有陈乔年。鲁迅正在写《无花的蔷薇之二》，他悲愤地将这一天称为"民国以来最黑暗的一天"。

三一八惨案发生后的第三天，陈独秀为首的上海中央局即发表《为段祺瑞屠杀人民告全国民众》，提出民众团结起来，进行武装和革命斗争。

不久，张作霖、张宗昌的奉系占领了北京，并与直系军阀联合起来，到处搜捕革命党人。李大钊被迫转入东交民巷苏联大使馆西院的兵营里继续领导北方区委工作。夏天，陈独秀考虑到李大钊在北京工作已十分危险，想叫他离开北京，写了一封亲笔信交中央秘书处同志，派人专程由沪送至京。李大钊叫罗章龙先离开北京，自己暂留北京，成立一个北方新区委。

乔年出席了北方区委会议，最后大家同意李大钊意见，派罗章龙去武汉。陈独秀见李大钊不去武汉，又以中央名义来信催。

罗章龙临走时劝李大钊说，我是南方人，我们一起走方便些。当时长江一带已被封锁了。李大钊坚持不走，说，北方区委人少，现在走我不放心，北伐军很快要打到北京，应先做点安排。罗章龙见李大钊主意已定，只好先离京南下。

## 4. 中山舰事件

1926年3月17日上午，从黄埔军校传来了谣言：共产党策动海军局的中山舰密谋发动武装政变。

原来，蒋介石指使亲信，打着黄埔军校驻省办事处名义，传令海军局代理局长、中山舰舰长、共产党员李之龙，将军舰开到黄埔候用。事后，毛泽东问海军局局长李之龙："怎么回事？"李之龙回答："这是校长（蒋介石）的命令。"

国民党"二大"以后，广州市内谣言很多，其中就有关于共产党阴谋暴动的谣言。后来听说，第一军第二师师长王柏龄部队内也流传这个武装政变的谣言，而王柏龄不但不查禁，反而在对部队的连长以上各级军官训话时要他们"枕戈待旦"，图谋消灭共产党。

王柏龄的训话由第二师的士兵流传开来，在广州市内传播。毛泽东问陈延年："你怎么看此类谣言？"陈延年说："事出有因，查无实据，只能提高警惕，静观其变。"毛泽东和茅盾谈起这事，警惕地说："莫非再来个廖仲恺事件？"

中山舰抵达黄埔后，蒋介石否认自己有这个命令，诬蔑中山舰擅自闯入黄埔，是共产党阴谋暴动，企图将自己劫往海参崴。他于3月20日凌晨三时，下令逮捕李之龙，并调动武装，宣布广州戒严，断绝省内外交通，包围省港罢工委员会和苏联顾问团驻处，随后又强迫国民革命军第一军中以周恩来为首的全体共产党员退出该军，制造了三二〇事件。

同天早上，聂荣臻由黄埔乘船到广州，一上岸就被软禁在舰上。见

中山舰

软禁的全是共产党员，他知道出事了。下午，聂荣臻被释放。他后来回忆说："这一天，我和其他一些共产党员，被突然扣留在中山舰上，恩来被软禁在造币厂。经过我们党的交涉，蒋介石自感羽毛未丰，慑于左派势力强大，不得不于当天释放了我们。我来到区党委，陆续会到了延年、恩来、黄锦辉等同志。大家在一起议论，都非常气愤，一致主张给蒋介石以反击。"（《聂荣臻：学习恩来的优秀品德继承他的遗愿》，载《不尽的思念》，人民网·领袖人物资料库。）

毛泽东和茅盾知道出了事，是听宣传部图书馆的一位工友说的。李之龙新婚不久，被王柏龄部下的士兵从床上拉下，打了一顿，然后带走。毛泽东听说李之龙出事后，吩咐那个工友去找陈延年。

过了很长时间，那个工友回来说："街上已戒严，但夜市未收，士兵们在赶走夜市上的人，十分混乱，所以我没有受到盘问。"毛泽东焦急地问："陈延年同志呢，见到没有？"工友说："我在文德楼附近看见他带着他的秘书，据秘书说，是往苏联军事顾问代表团的宿舍。"于是毛泽东也去了苏联军事顾问团的宿舍。

在苏联军事顾问代表团的宿舍，陈延年、毛泽东、张太雷和苏联军事参谋团彻夜讨论对策。毛泽东说："对蒋介石要强硬，蒋介石此番也是投机。我们示弱，他就得寸进尺；我们强硬，他就缩回去。这是逼蒋介石下台的好机会，我们可以发动工农群众，联合国民党左派逼蒋下台。"毛泽东还说："我们可以动员所有在广州的国民党中央执、监委员秘密到叶挺独立团驻防的肇庆集中，开会通电讨蒋。我们还可以争取国民革命军第二、三、四、五、七军以及一军中广大的士兵和中下级军官。"

当时，陈延年、周恩来领导的广东区委还掌握了孙中山大元帅府的铁甲车队。铁甲车队名义上在大元帅府属下，实际上是由共产党直接领导的革命武装。其所有人员的配备和调动，都是由中共广东区委决定；其成员的工作与生活问题，也是直接请示广东区委陈延年和周恩来解决的。

毛泽东提出武装反击蒋介石的意见后，得到了陈延年和张太雷等人的赞成。陈延年曾和毛泽东讨论过中国农民问题，很赞成毛泽东关于农民运动的观点。陈延年曾对区委其他同志说："毛润之同志气度恢弘，对中国的农民问题有精深的见解，特别对农民的斗争问题有很深的研究，这非常重要，农民问题是列宁主义极重要部分，是争取革命胜利极重要的条件。"

苏联驻华南军事顾问团团长季山嘉不同意反击蒋介石，说："现在还不是逼蒋介石下台的时候，因为我们要蒋介石北伐……我主张可以同他妥协。"季山嘉认为，肇庆地方财力要支付一个独立团的费用，必然不够，蒋介石有一个师的兵力加上吴铁城的武装警察，对付独立团就绰绰有余。独立团只有手头弹药，无法补充，真要打仗，独立团不能坚持一个星期。

驻华军事顾问斯切潘切夫赞成季山嘉的观点，说，和蒋介石妥协，蒋会得到比现在更为伟大之权力与实力，我们就可以争取和利用他。

两种意见彻夜争论，相持不下。陈延年本来支持毛泽东的坚决反击的对策，他曾气愤地说："蒋介石有军队，我们有群众，不怕他，任他怎样跳，怎么也跳不出如来佛的掌心。"见苏联顾问不同意反击，陈延年无奈，最后决定，请示中央。大家表示同意。

## 5. 陈延年：老头子糊涂极了

这次行动，蒋介石的军队连汪精卫的住宅也包围了。事情过后，蒋介石也感到不妙，一举得罪汪精卫、苏俄及共产党，很容易引火烧身。于是，他于3月20日下午下令释放被扣押的共产党员。

3月22日，正在广州执行苏俄观察团使命的联共（布）中央书记布勃洛夫派代表去见蒋介石。蒋介石希望大事化小，表现出了异乎寻常的热情。

苏领事馆代表问："这次事件是对人问题，还是对俄问题？"

蒋介石说："对人不对俄，希望不要误会，鲍罗廷也望早日回到广州。"鲍罗廷当时在北京。蒋介石喜欢鲍罗廷，不喜欢季山嘉，因为后者反对蒋介石北伐。

苏领事馆代表说："如此即可安心，我们即叫季山嘉回俄。"

蒋介石打听到了苏俄不反击的底以后，放宽了心。现在，他最关心的是汪精卫的态度。汪精卫身兼国民党中央主席、军委主席和国民政府主席，蒋介石要想发展自己的势力，还不能过早得罪这位国民党元老。但汪精卫态度冷淡，觉得自己失了面子，写了一个"因头晕，请给假治疗"的请假条。蒋介石知道，这是汪精卫给自己颜色看，马上写了一份报告，要求从严处分自己，以此缓和与汪精卫的矛盾。但在叙述事情原因时，他又说得振振有词："此事事起仓猝，处置非常，事先未及报告。"

蒋兵权在握，汪精卫奈何不得，国民党中央执行委员会开了一个会议，决定：对于蒋同志表示信任，毋庸议处。但汪精卫一口气出不掉，坚持去法国看病。

汪精卫一走，正中蒋介石下怀。他的此举，一方面打击了共产党，一方面挤走了汪精卫，一举两得。他在黄埔军校发表演说，敷衍其词，说此事只牵涉李之龙个人，不牵涉到团体。

苏俄观察团团长布勃洛夫和苏联顾问于3月24日开会研究三二〇事件，布勃洛夫在会上说，蒋介石此举，是"针对苏联顾问和中国共产党的小规模政变"。会后，"观察团"决定返苏。到上海时，布勃洛夫向《向导》记者发表谈话，说："广州20日事变，黄埔军队短时间包围罢工及东山俄人住宅，逮捕李之龙及其他五十余人，都是事实"，"但也只有这事实，周恩来、邓中夏并未逮捕，均尚在广州，更无杀人之事"。

三二〇事件发生几天后，周恩来向中共广东区委报告了蒋介石逮捕李之龙的情况，陈延年和周恩来商量，如此时发动群众举行示威抗议行动，也要和中央取得一致意见。陈延年和周恩来走不开，于是请国民革命军总司令部宣传大队队长胡公冕去上海，向陈独秀等中央领导汇报。

与胡公冕交谈后，陈独秀委派张国焘去广州，以维持汪蒋合作的局面，继续对蒋介石采取友好的态度，并矫正广州同志们的一些拖延未解决的错误。陈独秀派张国焘去广州，同时等待布勃洛夫回国后发来共产国际指示。

张国焘离开上海后，尽管共产国际关于三二〇事件的指示还没有来，陈独秀根据和布勃洛夫谈话的要点，于4月3日写了《中国革命势力统一政策与广州事变》一文，说"蒋介石是中国民族革命运动中的一个柱石"，广州事变的根本原因，是帝国主义、军阀及右派要分离革命势力。10天后，陈独秀又写了《什么是帝国主义？什么是军阀？》一文，对于蒋介石假意辞去军职一事说："蒋君的责任是在不把自己变成军阀，并努力使国民党及国民政府没有军阀发生，自己个人消极的辞去军职，这是不对的。"

陈独秀心里清楚，蒋介石的行为与军阀没有区别。他自己也巴不得退出国民党，改为党外联盟，但自己无权，夹在共产国际和国民党中间受气。因为不舒服，陈独秀写好文章后，便到五马路亚东图书馆去散心。

1926年4月2日，张国焘赶到广州，向陈延年等区委领导人传达了陈独秀和共产国际代表以及布勃洛夫的意见，说，独秀同志意见很明确，此次事件是我们党该退让而未退让的结果。

陈延年说，我一开始便同意毛润之意见，对蒋介石来一个回击，无奈中央怕影响团结，怕吓退国民党资产阶级，硬不同意。不错，蒋介石有军队，可是我们有群众，不怕他，任他怎样跳，怎么也跳不出如来佛的掌心，老头子糊涂极了，他不相信工农群众的力量，对蒋介石破坏国共合作、排斥共产党人的阴谋视而不见，不敢同国民党右派斗争，将会把革命断送。

张国焘提醒陈延年：蒋介石手上有军队。

## 6. 粤区干部训练班

在后来的会议上，陈延年和共产国际远东局委员维经斯基等谈到三二〇事件的起因时说："我们对国民党的让步使我们付出了很大的代价。我们在3月20日以前就作过一些让步……三二〇事件是共产党人和左派软弱合作的结果……我们曾经相信，在共产党人和左派密切合作的条件下，我们谁也不怕——既不怕帝国主义者，不怕国民党右派，也不怕反革命。我们能够战胜一切敌人……我们毁掉了自己的权力是因为我们向右派作出了让步。"（《联共（布）、共产国际与中国国民运动（1926—1927）》上，北京图书馆出版社1998年版，第446—447页。）

中山舰事件后，为安全起见，陈延年搬到广大路广大一巷的一间房子居住。不久，为了照顾一位同志结婚，他又把这个房子让了出来，和另一位同志搬进了另一间只有八平方米的小阁楼居住。陈延年小时候就吃苦惯了，他对于生活条件没有什么要求，有地方住、有东西吃就行。和过去在上海漂泊比，现在已好多了。

这期间，陈延年抽空主持了中共广东区委举办的粤区干部训练班。参加学习的除广州各条战线上党的干部外，还有东、西、北江，南路以及海南等地的干部。每期学习时间一个月左右。课程有《共产主义ABC》《社会发展史》《国内外形势以及工人运动》《农民运动》《军事运动》《学生运动》《妇女运动》等。

陈延年在莫斯科读书时，阅读了大量列宁著作和苏联其他人的著作，善于辩论，负责讲第一课《党的建设》，周恩来担任黄埔军校政治部主任，讲军事运动。此外，邓中夏、苏兆征、张太雷、穆青、黄平、蔡畅、邓颖超等都有上课任务。训练班共办了三四期，到了夏天，北伐战争开始后停办。

为配合省港罢工，中共广东区委还在广州农民运动讲习所附设一个工人训练班，由陈延年负责主持，课程有《俄国共产党史》《第三国际党纲及政策》《唯物史观》《社会发展史》《经济学》《职工运动》《青年运动史》《工人运动史》等。

一天，陈延年对国民党中央宣传部秘书茅盾说："刚收到上海来电，要你回去。"茅盾问陈延年："事情如何结束？"茅盾是自上海来广州，参加国民党第二次代表大会的代表，会议结束后，陈延年留他工作一个时期。

陈延年说，中央来了电报，要我们忍让，要继续团结蒋介石准备北伐。我们已经同意撤回第一军中所有的党员。但蒋介石要求解聘季山嘉，这不是中国党的事，让蒋介石自己向莫斯科交涉。

茅盾向毛泽东辞行时，毛泽东对茅盾说，汪精卫下台了，我这代理宣传部长也不用再代理了。上海《民国日报》早为右派所把持，这里的国民党中央在上海没有喉舌，你到上海后赶紧设法办个党报，有了眉目就来信给我吧！

茅盾说："我努力去办。"

后来毛泽东又计划出《国民运动丛书》，并以宣传部的名义任命茅盾为驻沪编纂干事，这套丛书多为政治读物。

## 7. 整理党务案

1926年5月15日，蒋介石在国民党二届二中全会上提出整理党务案，规定：共产党员不能做国民党中央委员，共产党员在国民党各高级党部中任执行委员的人数不得超过委员的三分之一；共产党员不得任国民党中央部长；加入国民党的共产党员名单须全部交出；共产国际给中国共产党指示信以及共产党发给国民党内部的共产党员的指示，须先经两党联席会议讨论始能发出；等等。

彭述之和张国焘代表中央局参加了这次会议。会议召开前，他们和陈延年等中共广东区委的同志召开了党团会议，讨论是否接受整理党务案。

为避免三二〇事件重演，鲍罗廷主张对蒋介石让步，以让步来防止广州彻底右倾。他在会上说："广州有可能发生右派政变，此时应该支持蒋介石的革命独裁。"为了拉住蒋介石不继续右倾，鲍罗廷私下和蒋介石达成三点协议：鲍罗廷同意蒋介石限制共产党在国民党内活动、支持蒋介石北伐、蒋介石同意对国民党右派采取相应措施。

鲍罗廷为自己私下和蒋介石达成的协议沾沾自喜，以为是锦囊妙计，不告诉中国同志。他认为，早告诉中国同志，不仅不会被中国的同志理解，反而会坏他的大事。

彭述之、张国焘传达了陈独秀的意见，他们和鲍罗廷一样，也主张维持、巩固联合战线，避免斗争以免引起破裂。

陈延年、毛泽东、周恩来、张太雷等人纷纷发言反对，毛泽东说，我们不能怕右派政变而去迁就他们，三二〇事件说明蒋搞的不是革命而是独裁，这样下去，我担心会越走越远。

会议一连开了七天，争论激烈，没有统一思想。最后，张国焘提出用签字方式表态，并带头签名同意。

会后，陈延年请张太雷起草了《中国共产党广东区委员会对于中国国民党第二次中央全体会议的宣言》，提出"革命势力团结起来，打倒反革命的分裂阴谋"。

整理党务案在国民党二届二中全会上经过激烈争论，被大会通过。讨论表决"整理党务案"时，毛泽东、何香凝、柳亚子没有举手。

当时任国民党的部长的共产党员仅有组织部长谭平山、代理宣传部长毛泽东、农民部长林伯渠。5月28日，国民党中央执行委员会常委会议照准谭平山、林伯渠、毛泽东三同志辞职。毛泽东的代理宣传部长改由顾孟余担任，谭平山的组织部长由蒋介石自己兼任，此外，吴玉章的秘书长一职改由叶楚伧担任。

免去职务后，林伯渠到程潜任军长的国民革命军第六军任党代表兼政治部主任。林伯渠越来越感到，中央的妥协方针是错误的。

蒋介石趁机当上了国民党中央执行委员会常务委员会主席、组织部长和军人部长。国民党中央常委会委员长一职由张静江代理，中央政治会议主席由谭延闿代理，张、谭二人均受蒋介石操纵。至此，以蒋介石为首的新右派垄断了国民党的党、政、军、财大权。

整理党务案通过后，革命的危机加深了。共青团书记任弼时十分生气地说："这样下去，会出事的！"

整理党务案的通过，对共产党是一个沉重的打击。为了统一同志们的思想，与共产国际和中共中央保持对外一致性，1926年5月23日，陈延年签署了中共广东区委发表的《中国共产党广东区委员会对于中国国民党第二次中央全体会议的宣言》，指出，中国共产党是代表中国工农群众利益的党。为国民革命的成功，共产党加入国民党，促进国民党改组，使国民党有今日之发展，说明共产党员对国民党二届二中全会的态度，是以"全部革命利益为前提的"。其言外之意，不是对此案没有意见，而是顾全大局。

按整理党务案规定，需要将黄埔军校参加国民党的共产党员名单交给校方，这实际上是公布黄埔军校内共产党的花名册。黄埔军校中共党团核心组织成员饶竞群问陈延年和周恩来："军校的共产党员如何处置？"

陈延年坚定地说："一个都不要向所在国民党党部表态，尤其是一向没有暴露共产党员身份的人，更应保持常态，不理睬国民党右派的无理要求。"周恩来支持陈延年的意见，不要理睬他们。

饶竞群等黄埔军校党组织的同志将陈延年、周恩来的意见转达各支部，结果大家都不理会蒋介石的命令。

在莫斯科，陈延年对列宁的辩证法思想有深入的研究，奠定了他雄厚的理论基础。加上他从小闯天下，又经历了无政府主义的世界观向马克思主义世界观的转变，锤炼了他的组织能力，这些使他比一般人更具有独立的思想，善于处理复杂的矛盾和问题。这也是中共中央委任他为中共广东区委书记的原因之一。毛泽东对陈延年的能力十分赞赏，曾说："在中国，本来各种人才都很缺乏，特别是C.P党内，因为C.P的历史根本没有几年，所以人才就更缺乏。像延年，的确是不可多得的人才，在许多地方，我看出了他的天才。"（筱林：《陈延年印象记》，《社会新闻》第7卷，1934年第20期。）

在早期党的领导人中，还没有看到毛泽东这样评价第二人。

## 8. 鲍罗廷：将枪支分散给农民，影响北伐

1926年6月4日，陈独秀根据共产国际处理三二〇事件的精神，为了维护统一战线不破裂，发表了《给蒋介石的一封信》。同一天，陈独秀还起草了《中国共产党致中国国民党书》。他写道："贵党'整理党务案'原本关系贵党内部问题，无论如何决定，他党均无权赞否，凡为贵党党员者，当然有遵守之义务，而于贵党党外之团体，则殊无所关涉。"针对广大党员对蒋氏的愤怒情绪，陈独秀提出了"办而不包，退而不出"八个字政策。"退而不出"这四个字，与周恩来、陈延年不理睬蒋介石、不交黄埔军校共产党员的名单给校方的精神，是一致的。但陈独秀的目的，是执行共产国际的决议，维持统一战线不破裂；陈延年等人的目的，是与蒋介石作斗争。

陈独秀让步，是顾及共产国际关于国共合作的意见。联共（布）中央委员布哈林在《真理报》上曾公开批评陈独秀一度想退出国民党的苗头。因此，在驳斥了蒋介石的一些观点后，陈独秀说："而事实上从建立黄埔军校，直到3月20日，都找不出蒋有一件反革命的行动，如此而欲倒蒋……这是何等反革命！介石先生！如果中国共产党是这样一个反革命的党，你就应该起来打倒它，为世界革命去掉一个反革命的团体；如果共产党同志中那一个人有这样反革命的阴谋，你就应该枪毙他，丝毫用不着客气。"

这封信，共产党内有意见，因为许多共产党员并不知道共产国际关于三二〇事件的处理方针。蒋介石也不买账，说，啰啰唆唆，长篇大

论，这又不是打笔墨官司。我讲的话，并不是对共产党讲的，故无答复之必要。

对于黄埔军校中的共产党员不交出名单，蒋介石很有意见。1926年6月7日，蒋介石在"总理纪念周年"训词中讲，"近来我有一个主张，是现在中国国民党里面的共产党同志，应该要退出共产党，完全做一个纯粹的国民党员……如其不然，大党中间有一个小党……这个大党一定要动摇的"。

蒋介石在发动中山舰事件后，得寸进尺，进一步提出整理党务案，这些促使陈独秀考虑到了掌握武装的重要性。蒋介石是青红帮出身，现在又成了新军阀，手上掌握大量的军队。他对于革命的危险，越来越大。陈独秀对彭述之说，我们和蒋介石转圈子，蒋介石手里有枪，我们手里没有武装，所以我们很被动。我主张建立我们自己独立的军事力量。

彭述之提醒陈独秀说，共产国际援助中国革命的枪械，现在都在蒋介石、李济深等人手里。陈独秀叫彭述之到广州和鲍罗廷、加伦等人谈谈，看看能不能匀出5000支枪武装农民。

但鲍罗廷不同意，说，陈独秀写文章，在广州引起了一些麻烦，再提出枪械问题，怕要引起国民党的怀疑。现在将枪支分散给农民，就会影响打陈炯明，影响北伐。

彭述之说，仲甫想听一听共产国际对于这个问题的意见。

鲍罗廷听出了彭述之的话音，是拿共产国际压他，说，季诺维也夫也是这个观点，运送枪械到中国，"只教我们帮助中国资产阶级，武装中国资产阶级，未教我们武装工农，准备与资产阶级决裂"。（《共产国际、联共（布）与中国革命文献资料选辑（1826—1927）》上，北京图书馆出版社1998年版，第545页。）

在大革命时期，共产国际和苏联给了国民党两千多万卢布的经费支持，给中国共产党的经费仅仅二十多万卢布，而且，全部用在开会和出版刊物上。鲍罗廷来中国时，斯大林等人"责成鲍罗廷同志在与孙逸仙的工作中遵循中国民族解放运动的利益，决不要迷恋在中国培植共产主义的目的"。因此，鲍罗廷心里清楚，不拿枪给农民，是在执行共产国际的指示。

# 第六章  激流勇进（1926—1927）

## 1. 北伐

1926年6月11日，维经斯基出发去上海和广州前，在北京给共产国际书记皮亚特尼茨基和共产国际执委会俄国代表团写信说："寄上北方区委书记李同志和组织部长陈同志在北方区委作的两个报告……这里的同志们仍坚定不移地主张进行北伐，看来必须就此问题同中央认真地谈一谈。"在这封信里，维经斯基再一次提醒并坚决请求，根据中央的要求给中国党增加预算，即从每月6000卢布增加到1.4万卢布。信中的"李同志"即李大钊，"组织部长陈同志"即陈乔年。

夏天，陈独秀召集彭述之、张国焘、瞿秋白召开中共中央会议，讨论北伐问题。陈独秀认为北伐时机不成熟，不赞成北伐，他的真正的意思是，担心蒋介石借此强大起来。但张国焘、瞿秋白不同意。瞿秋白认为，北伐有利于发展五卅运动以来的形势，北伐有利于消灭军阀势力和发动工农。

陈独秀认为，北伐会增加农民税收和农民负担。瞿秋白反驳说，在北伐中，北伐筹款对农民利益有伤害，军阀也会加大压迫农民，但不足于完全镇压农民，而会促使农民运动发展得更快。陈独秀不好对瞿秋白发脾气，而对张国焘发了一顿脾气。陈独秀一生气，张国焘转变了观点。

6月4日，蒋介石当上北伐军总司令。但召开宣传北伐的全市大会时，因为国民党的基层组织不积极，参加会议的人不多，只有300人参加，其中不少是中共广东区委安排的共产党人。

事后，陈延年对不积极支持北伐的广东国民党左派甘乃光说："你们的政策是错误的。"当时，甘乃光有一个30人的集团，但在同香港谈判期间，他们脱离群众，没有参加支持香港罢工的示威游行，也没有出席为进行北伐而举行的示威游行。甘乃光等人希望汪精卫回来。

经过做工作，北伐军出发时，欢送蒋介石的北伐军的群众，仍然只有3000人。从这个数字里，陈延年感到，根本原因是群众反对国民党。

北伐开始后，蒋介石怕共产党掌握武装，拒绝群众当兵。陈延年对一位省港罢工委员会的代表说："工农群众的热情真高啦！争着报名随军。他们都说，天天喊打倒帝国主义，打倒军阀，现在去打了，为什么不让我们当兵拿枪去跟他们拼呢？"他又说："我们有这么多有组织的工农群众，只要领导得好，军民联合起来就行了，何况现在是全国人民反帝反军阀的高潮时候嘛！"

1926年7月7日，陈独秀根据维经斯基的意见在《向导》上发表《国民政府的北伐》，认为，"在整个的国民政府之实力上，在国民政府的军队之战斗力及革命的意识上，都可以看出革命的北伐时期尚未成熟，现在实际问题，不是怎样北伐，乃是怎样防御，怎样防御吴佩孚之南伐"。

读者黄世见写信给《向导》编辑部，质问陈独秀："挑拨北伐期中的人心，煽惑一班不明真相随风飘荡的幼稚革命者吗？或者先生被反动派利用，在此北伐期中灌输令人怀疑的论文，代他们鼓吹吗？或者先生聪明一世懵懂一时吗？"

在广州，陈独秀的文章差一点掀起事端。国民党黄埔特区党部认为陈独秀是阻碍北伐，给国民政府找麻烦。顾孟余认为，陈独秀是有意挑拨人民与政府之间的矛盾。当时黄埔军校学生常购买《向导》周报，黄埔特区党部下令禁止学生购阅《向导》周报，左派听到了，当然不答应，双方差一点发生火并。

国民党中央党部李济深、孙科、张静江、顾孟余等人开会讨论这件事。李济深、孙科并不反对陈独秀的文章。会后，张静江对鲍罗廷说，你劝劝仲甫，以后不要再作这样的文章了。

## 2. 中央与广东区委的分歧

陈延年八平方米的宿舍书架上面，放着一个简单的铺盖，墙壁靠着一张帆布行军床。深夜工作完毕，陈延年把帆布床张开，垫上铺盖，然后翻阅一会儿报刊，就倒头睡觉。

1926年夏天的一个晚上，陈延年看广州7月新出版的《黄埔潮》周刊。该刊登出一位黄埔军校的学生写给蒋介石的公开信，提到父亲陈独秀和姨妈高君曼的婚姻关系，引起了陈延年的注意。

信上说蒋介石："你总是说，你领导着党。但我怀疑，你是否有足够的力量来领导党。我不是共产党人。但在南京有一名共青团员对我说，共产党人有纪律、有平等。他们的中央作出决定，陈独秀应与妻子离婚，因为她妨碍工作，于是他就离了婚。"

这个黄埔军校的学生关于父亲离婚的话，显然是道听途说。父亲与高君曼的感情破裂，陈延年早已耳闻，因为姨妈1925年就去南京住了。但中央何时作出决定，要陈独秀与妻子离婚呢？外面的谣传，可谓应有尽有，这恐怕是三流小报上的消息了。但这位学生敢于怀疑蒋介石"是否有足够的力量来领导党"，陈延年觉得很欣慰。现在怀疑、反对蒋介石的人多，公开写出来的却很少。

1926年7月12日至18日，中共中央在上海召开中共第四届中央执行委员会第三次扩大会议。会议讨论北伐战争中党的组织路线、国共合作的策略和民众运动的政策问题，通过《中国共产党与国民党关系问题议决案》等。陈延年、周恩来、李维汉等出席了四届三中（扩大）全会，周恩来代表中共广东区委汇报了中山舰事件的经过。会议期间，李维汉看到报上报道关于北伐军占领长沙的消息，决定不等会议结束就回湖南。

在中共中央四届三中（扩大）全会上，由于陈延年、周恩来为首的广东区委和中央局、远东局意见有差距，没有形成关于广州问题的最终决议。大会形成的决议，间接地批评了陈延年等人的观点。如决议说："去年（1925年）中央扩大会议关于国民党问题的意见是：（一）我们留在国民党里，与左派结合密切的联盟，帮助他们发展国民党，并且反对右派，但是我们自己不可以代替左派……"但陈延年等广州的同志认为，我们"以自己代替国民党左派"，是由于左派的社会性发展不够和没有我们的领导就不能站立起来的必然结果。

中央局和广东区委的分歧由来已久，特别是三二〇事件发生以后。维经斯基、拉菲斯、福京认为，广东的同志在三二〇事件之前，加强了"左"倾空谈的政策，而当时的实际情形是，需要共产党温和，不要抛头露面。

中央扩大会议后，根据中央和远东局的精神，中共广东区委撤销了主席团，改设委员会，陈延年继续任书记。

考虑陈延年等人的方针与共产国际和中央局有距离，会后，中央派瞿秋白和彭述之等两名中央委员去广州，参与调查情况。瞿秋白和彭述之都是留苏学生，他们和维经斯基等一起去广州，在语言上没有障碍。而且，陈延年本人也是留苏学生，语言上容易沟通。

去广州前，维经斯基（谢尔盖）、拉菲斯（马克斯）和福京（年轻人）三位远东局成员开会，确定了去广州的任务：弄清三二〇事件的原因和后果，审查中共广东区委在此前后的政策和方针，尤其是国民党与共产党的关系，然后，根据中共中央四届三中（扩大）全会的精神，修改中共广东区委的方针。

### 3. 对蒋的方针是既反对又不反对

在上海，周恩来和张国焘谈到在北伐期间如何对待蒋介石的问题。苏联军事顾问团团长布留赫尔（加伦）和广东区委谈话时，曾问陈延年和周恩来等："在北伐中，我们是帮助蒋介石，还是削弱蒋介石？"陈延年和周恩来当然主张削弱蒋介石，但陈独秀、共产国际是什么态度？从三二〇事件的处理看，他们似乎是帮助蒋介石，但陈独秀最近写文章是反对北伐，又似乎主张削弱蒋介石。

陈独秀反对北伐，是受了维经斯基的影响。维经斯基是受了蔡和森的影响。蔡和森在莫斯科养病，他给苏联人作报告，主张在北伐中不要支持蒋介石。

听了周恩来的话，张国焘也不敢拿主意，上次讨论是否北伐，陈独秀拍了他的桌子。于是，两人一起去了上海法租界环龙路铭德里二号陈宅。陈独秀正生病，独自一个人卧在床上。因为高君曼和两个孩子去了南京，家里空荡荡的，没有生气，许多地方布满了灰尘，屋角里有蜘蛛网和风吹进来的枯萎的落叶。

周、张两人拉了两把椅子，就近坐下，张国焘将周恩来的意思说了一下。

陈独秀对北伐问题不想再表态，反问道：加伦是什么意见？周恩来说，加伦将军拿不准，希望中央局作出一个决议。陈独秀问：广东区委的意见呢？

大革命时期的陈独秀

周恩来说，我们这次来上海，主要是听取中央局意见。谭平山他们以前在处理孙先生与陈炯明事情上有过教训，所以我和延年商量，此事要向中央局汇报。（谭平山等人以前支持陈炯明，受到中央局批评。）

陈独秀叫张国焘与周恩来等开会，商量此事。

从陈独秀寓所出来，张国焘对周恩来说，老头子一病，就消极了，他过去是很喜欢拿主意的。

陈独秀不愿意拿意见，是因为能拿得出的意见，他心里不乐意；不能拿的意见，他虽然乐意，又说不出来。因为削弱蒋介石，明显和共产国际对立。

会议由张国焘主持。张国焘说，陈先生叫我们拿意见，我们怎么拿呢？彭述之说，我主张在北伐中削弱蒋介石，他在3月20日的行为已是反叛性质了。他这个人不赶走共产党是不甘休的。因为陈先生反对立即北伐，张国焘改变了自己的意见，附和了陈独秀，但他内心里还是赞成北伐的。张国焘说，共产国际的意见是创造有利于北伐的形势，如果在北伐战争中削弱蒋介石，就不利于北伐形势的发展。彭述之反问张国焘，你的意思是支持蒋介石了？我认为支持北伐与削蒋不是一回事。张国焘说，我主张在北伐战争中，对蒋的方针是既反对又不反对。张国焘也犹豫不决，如支持蒋介石，在党内必然遭到大多数人的反对。何况，彭述之的话，事实上代表了陈独秀的观点，也有其道理。

这个决议就这样通过了。

关于这次研究北伐中对待蒋介石的方针，周恩来印象很深。抗日战争时期，周恩来在重庆中共中央南方局干部学习会上作报告，还谈起此事："我到上海请示中央。陈独秀说你们开个会商量商量好了（他这时之所以这样谦虚，是因为在北伐前，他在医院里毫无调查研究，不管政治形势有了什么样的变化，竟写了一篇反对北伐的文章，因此受到同志们的批评，也受到国民党的攻击）。开会时，又是张国焘代理主席，也没有真正讨论，只由他说了两句话，说北伐中我们的方针就是：是反对蒋介石，也是不反对蒋介石。所以在北伐战争中，一直到国民党三中全会前，对蒋介石的方针是不明确的，结果就是客观上帮助了蒋介石，而助成了蒋介石地位的提高。然而他的嫡系力量在战斗中是受挫的，第一军与第十七师首败于牛行，王柏龄率部队进攻南昌时全军覆没，王柏龄、缪斌等被俘虏。这时蒋介石是惨败的，但机会主义者的陈独秀，并没有认识这些事实，并没有终止他的错误。"（《周恩来选集》上卷，人民出版社1982年版，第124页。）

## 4. 维经斯基：广州同志的政治错误

1926年8月6日，远东局和中央局联合考察组成员抵达广州。六天后，他们与中共广东区委工作人员一起开会，陈延年、张太雷、沃罗夫斯基（黄平）等出席。张太雷是广东区委委员兼《人民周刊》编辑，黄平是职工部部长。

维经斯基在会议开始，一发言就批评了广东区委书记陈延年等，说："你们的方针是错误的，例如，你们不愿意也不善于同国民党的左派共事。"在他看来，陈延年等人认为同国民党左派合作的必要条件是使这些国民党左派成为像共产党人那样的坚定不移的和彻底的革命者，并使他们在共产党人的指挥下工作。

　　陈延年在会议上作了长篇汇报发言："先讲一些事实。3月20日以后，这里的左派当中谁都不是什么东西，他们只是不忍受蒋介石的压力，跑来向共产党人求救和求助。在3月20日到5月15日期间，共产党人成了为国民党效劳的走狗。这是最困难的时期。那时国民党的左派说，共产党人是靠蒋介石养活的姘头，他们不敢反对蒋介石。而左派自己提不出任何建议。5月15日，左派征求我们的意见。我们的党员以为，国民党左派会在中央全会上反对蒋介石的提案，但他们却投票赞成这些提案。我们曾帮助左派，告诉他们应该怎样做，由谁来担任部的领导等等。左派接受了国民党中央全会的决议，希望自己来工作。我们曾在各方面帮助他们：考虑到他们的愿望，我们退出了他们的机构或者回到原来的地方……"（《联共（布）、共产国际与中国国民运动（1926—1927）》上，北京图书馆出版社1998版，第377页。）

　　在陈延年看来，中派和左派的区分标准，就是围蒋介石转，还是围群众、工农转。如甘乃光，过去是共青团员，被开除了。他想回到这边来，认为应当在群众中活动。陈延年不知道他是什么动机，没有同意，说："不要回来，在左派那里工作吧！"一个时期以来，编辑《农民报》的甘乃光有什么事，就同共产党商量，然后按陈延年等人的意见写文章。北伐后，顾孟余和邓演达禁止工人罢工，甘乃光每天在报纸上写文章，反对这样做。

　　汇报中，陈延年也提到了鲍罗廷。鲍罗廷在5月召开了一个清一色国民党左派的会议，甘乃光、顾孟余都参加了，会上甚至成立了宣传、出版委员会。但很快，在蒋介石的干预下，左派发生了分化。蒋介石认为，召开左派和中派的联席会议，中派是多数，左派将为中派服务。在黄埔军校内部，蒋介石在黄埔校刊上刊登了一道影印命令，禁止组织任何集团，因为这会破坏"黄埔精神"。

左派的分化，从顾孟余、陈公博、邓演达说的话中可以看出。如代表小地主阶级利益的思想家顾孟余就表示，他只相信知识分子，不相信群众，因为群众不识字。顾孟余说："哪里有共产党人，哪里就什么事也搞不成。"陈公博也反对群众性的工农运动。谭延闿（可能是邓演达）声称，蒋介石是唯一的首领。（《共产国际、联共（布）与中国革命文献资料选辑（1826—1927）》上，北京图书馆出版社1998年版，第378页。）

听陈延年说，中派"到处说，应当保守秘密"，拉菲斯插话："对谁保守秘密？对谁搞阴谋？"

陈延年说："对共产党人。关于工人运动，他们说，应当打倒左派痞子和右派。扶植另外些什么人，他们没有说。"这些中派秘密印刷决议，由于印刷工人是自己人，所以陈延年看到了他们的文件。

讨论中共中央与国民党中央的党际会议时，陈延年说："国民党想召开这个会议，目的在于阻止我们宣传工作的展开并把我们的注意力从国民党和国民政府上层的主要内部关系问题（围绕蒋介石的斗争）上转移开来。我们的处境将是艰难的。如果我们的地方组织犯错误，这还不那么可怕，如果中央犯错误那就糟糕了。"陈延年的话很明确，问题恐怕不是出在地方，而是出在中央。但他不好进一步暗示，因为还有共产国际。

陈延年反对立即召开中共中央与国民党中央的党际会议，但维经斯基主张召开会议，以消除两党的敌对的传言和一些人对此的担心。5月15日，国民党二届二中全会曾确定，在8月举行这样的党际会议，以消除发生在两党之间的冲突。

陈延年表示，不清楚我们如何对待国民党。因为反对国民党，显然不符合远东局和中共中央的精神。这就涉及对国民党中派的态度，他说："这里不应存在幻想。"那意思即是不能和中派妥协。

拉菲斯问陈延年："我们是否应该在会上阐述关于同反革命势力作斗争的要求，以期纠正蒋介石的政策或者表明对中派的敌对态度呢？"

陈延年赞成前者，不赞成后者。尽管中派不可信，但公开与中派敌对，是有害的。

维经斯基说："难道不能早一些在全国范围内同中派作斗争，然后与国民党中央召开和平会议，然后再在全国范围内展开斗争？"

陈延年说："我不知道怎么办。"

维经斯基说："我们不是责怪您没有立场，这里的处境是艰难的。"

陈延年说："我们同国民党一起工作不会有什么结果。"

会议在讨论组织问题时，陈延年说："虽然我们都是东大生（莫斯科东方大学学生），但没有像在北方那样引起摩擦。中央还不理解我们，因此常常骂我们。鲍罗廷没有对我们的工作施加压力，总是征求我们的意见……中央毫无根据地怀疑，鲍罗廷在这里发号施令……彼得罗夫（彭述之）在中央说，这里的书记太一手包办了，但这是不对的。"现在，中央不再提要改组广东区委，就是说，不再因为三二〇事件调整陈延年的区委书记的职务，他陈延年还继续在这里领导工作。从某种意义上说，就是不追究他们的所谓"错误"了。但张国焘在给蒋介石的一封私人信件中，建议对北方来的同志更客气些，陈延年觉得莫名其妙。他在会上如实汇报了这些情况。

维经斯基听了，说："我们对广州没有这种印象。我们只是想同你们谈一谈原则性问题。这里用不着客气。我们一定了解实际情况，消除中央的意见。"陈延年的汇报中没有指责鲍罗廷，这使维经斯基意识到，中共广东区委的观点得到了鲍罗廷的支持。

汇报农民问题时，陈延年认为，农民对豪绅、地主和反革命的进攻，处于防御状态，他们缺少武器。50%的学生反对农民，因为他们的

社会地位不同，城市手工业者站在农民一边，商人、高利贷者反对农民
运动。

## 5. 远东局调整陈延年的计划

1926年8月15日，维经斯基、拉菲斯和福京三个人开会，这次共产
国际远东局内部会议，讨论了撤换陈延年等广东区委领导职务问题。

拉菲斯认为，应该召开两党会议，可以让陈延年的区委在机关报上
发表一篇文章，以缓和与国民党左派的关系口气欢迎党际会议。他甚至
主张，必要时，让鲍罗廷（英国人）和陈延年离开广东："如果可能出现
严重的事态，我们也不能让英国人和现在的区委在他们实行错误政治方
针的情况下留在这里。"

见拉菲斯提出从组织上调整鲍罗廷和陈延年职务，维经斯基立即表
示同意，他更关心对鲍罗廷的调整："现在可以确凿无误的是英国人在指
导区委的行动方针。他们对党和我们在国民党问题上的立场显然都持否
定态度……与国民党的正确关系只能在英国人和区委领导人从这里调走
才能建立起来。"维经斯基主张在召开党际会议前，尽快与中共中央商
量，把鲍罗廷和陈延年等区委领导撤换掉。

这次会议还决定，次日和鲍罗廷举行一次会议。

在第二天的远东局委员与鲍罗廷召开的会议上，鲍罗廷说："共产党
人是否应该在群众中广泛宣传北伐？从陈独秀的文章中可以得出，我们
不支持北伐。当地的共产党人步步遵循这篇文章的精神……陈独秀文章
现在已经在群众中造成麻烦。昨天，黄埔军校教育长（邓演达）跑来，
真的跑来找我，建议我今天去他们那里讲讲话，以平息校内的激烈情
绪……如果老头子的文章是纲领性的，那么它是错误的，因为它促使我
们同蒋介石发生冲突。"

陈独秀反对北伐的文章，是维经斯基同意的。见鲍罗廷反对陈独秀的这篇文章，维经斯基说："我们大家一致认为，在陈独秀的文章中所表述的中央的政治方针在政治上是完全正确的（陈的文章是在与我们长时间交谈后形成的），这个方针阐述了党的北伐的唯一正确的立场。但策略性地运用这一政治上正确的方针问题要复杂得多。我同意鲍罗廷在这里所说的，即不要在广东围绕这篇文章展开广泛的斗争战线。"

鲍罗廷不知道陈独秀的文章得到维经斯基等人的同意，提醒维经斯基说："关于党对北伐立场，你们应该不仅根据当地的机关报，而且根据党的中央机关报《向导》周报和中央的指示来作出判断。"

拉菲斯说："陈独秀的文章对于我党具有重大政治意义。我们没有任何必要不接受这篇文章。若是我们大刀阔斧开展反对北伐的斗争，那就会产生危险。但文章中没有谈这一点。相反，它把注意力引导到内部的反革命上。为什么鲍罗廷觉得反对反革命必定会被认为是反对蒋介石呢？"（《共产国际、联共（布）与中国革命文献资料选辑（1826—1927）》上，北京图书馆出版社1998年版，第388—390页。）

鲍罗廷见拉菲斯也这么说，知道共产国际远东局内部是一致赞成陈独秀写这篇反对北伐的文章的，便不再反驳他们。

这次会议后，维经斯基和顾孟余进行了交谈。

共产国际远东局和中共中央代表团8月19日举行联席会议，维经斯基、拉菲斯和张国焘、瞿秋白出席。瞿秋白说："在中央，在负责人当中，存在着不同的意见：彭述之说，民族资产阶级已经是反革命了，因此我们现在就要同他（蒋介石）进行公开的斗争，而老头子（陈独秀）认为，看来可以利用这个民族资产阶级，它的军事独裁或许还对发展革命有利。这些问题需要弄清楚。"瞿秋白来广州前写文章赞成北伐，但陈独秀、彭述之拒绝在《向导》上发表。瞿秋白汇报的是中央内部的分歧，所以陈延年、张太雷回避了。

　　原则上，张国焘是支持瞿秋白北伐的立场的，只是因陈独秀发了脾气，才转变过去。现在听了瞿秋白的话，他本人并不反对。

　　瞿秋白讲话后，陈延年和张太雷也出席了会议。瞿秋白提议讨论政治形势和党际会议问题，陈延年很少讲话，他只是通报说："本地国民党员同意发表宣言，但要早些同蒋介石商量。"瞿秋白答复说："什么时候发表宣言，不得而知，看来要在国民党代表大会之后。"

## 6. 停止省港罢工问题

　　1926年8月28日，中共中央执行委员会特别委员会和共产国际远东局的三位代表研究停止罢工问题。中共中央执行委员会特别委员会在三二〇事件以后成立，成员是张国焘、谭平山、彭述之、陈延年、张太雷、周恩来，后三人代表中共广东区委。

　　8月初，当维经斯基等到广州时，省港罢工已经持续了14个月，双方僵持不下。

　　早在5月，在中共广东区委和陈延年的领导下，成立了广州工农商学联合会，其目的之一，是尽快结束已经一年的省港罢工。此举得到维经斯基等远东局的赞赏。他们甚至认为，陈延年等人在三二〇事件前后所做的一切，就这件事情办得最好。因为这个联合会把商人吸收到统一战线，阻止了他们向右转，消除了右派的影响。和工农商学联合会相应，国民党成立了商人工作部，由民族工业企业领导人简琴石领导。

　　广东的同志说：我们很希望立即停止罢工，但如果香港不让步，不向罢工者作任何赔偿，这边当然也不能单方面地停止罢工。在7月15日到25日期间，广州省政府和香港进行了五次谈判，但没有进展。

　　三二〇事件后，居民对工人纠察队、征用外来货等产生了抵触情绪，时间毕竟太长了。这也是陈延年、周恩来、苏兆征、邓中夏等希望尽快结束罢工的原因之一。香港方面不让步，是因为三二〇事件后，他们得到了国民党右派的支持，促使香港甚至产生了更替广州政府和使右派取得胜利的希望。省港罢工始终得到国民党左派的支持，蒋介石在3月20日采取行动时，他的部队也包围了省港罢工委员会的驻地，这就暴露了蒋介石对省港罢工的敌对态度。由于蒋介石的此番举动，省港罢工委员会和国民政府的关系，在三二〇事件后一度冷淡。但北伐开始后，省港罢工委员会支持了北伐。

此外，香港不让步，还因为罢工并不影响香港招募其他国家的工人。

但这场罢工对香港肯定产生了负面影响，降低了香港以及殖民者英国的声誉。为此，香港也愿意谈判，希望结束罢工。他们在谈判中提出赔偿500万港元，具体方法是，由香港提供贷款修建黄埔港，修建广九线到长沙的铁路。这个建议，广东没有接受，因为这对香港来说其实是一举两得：既达到停止罢工的目的，同时也以经济手段渗透到广州。

广东不接受，还因为罢工领导人没有把索取赔偿金放在首位，而是把罢工的政治要求放在第一位。毕竟，罢工中，工人在沙面示威中流了血。于是，广东省政府继续武装工人纠察队，拒绝了香港的贷款建议。

北伐军的胜利，增加了广东政府与英国和香港的紧张气氛。因为北伐的对象是受到英国支持的吴佩孚等军阀。8月20日，港督克莱门特发表讲话，将罢工委员会污蔑为强盗。一个星期后，香港驻沙面总领事詹姆斯向广东政府外交部长陈友仁声明，他将用武力惩治罢工委员会及其工人纠察队，以保障英国贸易。

这次开会讨论停止罢工，就是因为香港詹姆斯已给广东政府口头上最后通牒，准备武力对付工人纠察队。

维经斯基、拉菲斯、福京认为，陈延年等广东区委的同志，在省港罢工问题上的整个方针，基本上是错误的。

维经斯基等人认为，这场为了经济赔偿的旷日持久的罢工，是广东省承受不了的，加重了广东省的经济压力，并进而加重了政治和社会矛盾。持续的罢工，实际上对广东政府来说是一个威胁。13万罢工工人人数，到8月维经斯基等人抵达广州时，已经剩下不到3.5万人。他们每人每天得到20分的补助。而且，他们对赔偿金的希望，是一种严重的危险。

因此，在政治上，维经斯基甚至认为，香港抵制罢工才是胜利的一方。远东局认为，关键是使广州同志转变思想，即在香港不赔偿的情况下，也准备停止罢工。鲍罗廷同意这个意见，并提出要制造舆论，让罢工者对停止罢工、退却有所准备。

尽管存在着分歧，陈延年等还是接受了维经斯基等人的观点，即决定在香港不赔偿的情况下，也需要结束罢工。但什么时候宣布结束罢工，会议没有最后确定。因为，宣布这个决定，涉及与英国的关系和北伐的形势，涉及广东社会安定等问题。但能肯定的是，为了不给英国实行武力的口实，纠察队应考虑新的方针。

事后，鲍罗廷对维经斯基等人的会议记录表示不满，因为他没有说过"任何一个居民阶层都不能忍受罢工"等类似的话。他希望校对记录稿，但最后没有给他校对。

10月10日，为了适应斗争形势的发展，配合北伐战争的开展，省港罢工委员会在广东革命政府决定增加25%的关税附加税以安置罢工工人的条件下，发表了关于停止封锁香港的布告，历时16个月之久的省港大罢工至此宣布结束。震惊中外的省港大罢工，成为世界工运史上坚持时间最长的一次罢工运动。

### 7. 对陈延年的批评

1926年9月2日，共产国际远东局三位委员和瞿秋白、彭述之两位中共中央委员回到上海。

花了一个多星期，维经斯基等三人写了长篇的《关于对广州政治关系和党派关系调查结果的报告》。因为可能最终涉及在组织上撤换陈延年职务，以在思想上和行动上都不折不扣地执行共产国际和中共中央关于共产党与国民党正确关系的政策，报告集中地谈到陈延年等人在三二〇事件前后所犯的错误。

在谈陈延年的错误前，维经斯基也承认，他们的客观条件是极其困难的。一年前，广东省的中共党员只有400名。在中央会议批评后，广东区委发展了大批党员，特别在三二〇事件以后，党员被驱逐出国民党的机关，转到群众中，所以党员发展更快，现在已经有4000名，几乎增加到10倍。

中共广东区委（或两广区委）领导的地区，除广东、广西外，1925年冬天扩展到福建南部、云南以及南洋一带。党员人数由陈独秀给共产国际的报告中提到的1922年6月的32人（占当时全国共产党员总数的16.4%），发展到中央局报告中提到的1926年9月的5030人（占当时全国共产党员总数的27.1%）。

在维经斯基看来，在这样困难的环境里工作，更需要坚定不移的、马克思主义的、真正布尔什维主义的领导。维经斯基又认为，由于位置偏僻和地方条件限制，在广东没有可能建立起这样的领导，这就涉及广东区委犯错误的客观环境和主观原因问题。此外，在维经斯基等人眼里，陈独秀领导的中央局在广东同志犯错误的问题上，也有责任。因为他们虽然曾经警告过广东同志关于其错误言行，但没有警告广东区委关于其错误，从而导致了广东国共两党关系的彻底破裂，进而导致三二〇事件的发生。

该报告写道："广州同志的政治错误：3月20日以前，他们在广东加强了'左倾'空谈的政策，他们打算让国民党左派和共产党人彻底夺取整个政权机关……广州的同志往往指出，除了继续执行'进攻方针'以外，不可能有任何别的办法来防止'三二〇事件'。但这是完全错误的……"远东局认为，陈延年等不能灵活地处理广东的局势，对待国民党太硬。而且，在这一点上，远东局和陈独秀领导的中央局意见是一致的。

报告引用了陈延年在广东区委会议上的阐述，用作证明材料："我们对国民党的让步让我们付出了很大代价。我们在3月20日以前就作过一些让步……我们曾经相信，在共产党人和左派密切合作的条件下，我们谁也不怕——既不怕帝国主义者，不怕国民党右派，也不怕反革命。我们能够战胜一切敌人。"

但陈延年在广东会议上强调，不是他们削弱了国民党和国民政府的基础，而是中央，因为中央主张采取温和的政策。正是中央和共产国际向他们提出巧妙地应付右派的建议，使他们误入歧途，妨碍了他们实行自己的方针。

中共广东区委和中央局的分歧，不仅反映在区委书记陈延年一个人的讲话中，在维经斯基等人到广东期间，张太雷、周恩来、澎湃、邓中夏等均表达了对中央局和陈独秀的不满。如邓中夏说："中共中央的策略是帮助左派打击右派。这在广州很难办，因为没有左派，无人可支持。"

维经斯基、拉菲斯、福京三人签名的《关于对广州政治关系和党派关系调查结果的报告》的最后一个部分，即第九部分，还谈到了陈延年等广州同志的新错误："实际上完全不同意上次中央全会通过的关于我们与国民党关系问题的决议。"

这个报告没有直接点出是陈延年在广州会议上发表的长篇谈话，但报告中明确说："广州的一位领导同志在我们在广州召开的一次会议上向我们阐述了相当合乎逻辑的国民党政治发展轨迹，它不仅应是对广州同志在三二〇事件以前所实行的整个错误方针的有力证明，而且也应是说明后来所犯的错误的根据。"

但陈独秀和其他人一看就明白，这里说的是陈延年。这意思是说，在三二〇事件后，陈延年等继续犯了错误。而他们所以犯了新的错误，从陈延年的长篇谈话中就可以找到根据，即我们的同志"糊里糊涂地采取了同中派甚至同右派达成各种协定的方针"。

所谓陈延年等人的新错误，概括地说，就是"国民党不存在，国民党已经死亡，国民党左派不存在。只有共产党人在工作"。这种观点直接提出，我们可以退出国民党，因为革命斗争中唯一现实的力量是中国共产党。

维经斯基等人还反对陈延年从国民党的发展史中得出的另外的结论：没有共产党人对这些左派实行有组织的、最紧密的领导，就不可能有任何左派。

陈延年这种考虑问题的方式，很类似陈独秀在1922年和马林争论时的思维逻辑。但马林提出共产党加入国民党的时候，陈独秀最初就是从国民党的发展史中得出另外的结论，反对与国民党的党内合作的。当时，陈独秀遭到了布哈林等人的反对。现在，陈延年的观点，遭到了维经斯基等人和陈独秀自己的反对。

维经斯基认为，陈延年等完全不懂得国民党在中国民族解放运动中的作用。在陈延年等人看来，国民党只是共产党人的一块招牌，共产党人通过它直接地和有组织地实行对民族解放运动的领导。

在组织原则上，维经斯基等人也不得不承认，尽管陈延年等广州的同志不赞成中共中央上次全会的精神，但在实际工作中，他们作为党员，仍坚决贯彻执行这一决议的所有具体建议。从这个意义上说，中共广东区委领导人还是在按照中央的精神办事。

## 8. 不仅仅是广东的问题

《关于对广州政治关系和党派关系调查结果的报告》写好后，1926年9月16日，远东局委员与中共中央执委会委员举行联席会议，交换关于广东之行的意见。维经斯基、拉菲斯、曼达良、福京、陈独秀、瞿秋白、彭述之、任弼时、王若飞出席了会议。

维经斯基代表远东局作报告，其中批评了陈延年等1925年12月27日拍给中央的一份电报，陈延年等在这封电报里，建议"把国民党中央平分给共产党人和左派"。

陈独秀插话说："我们没有收到这样的电报。"对于儿子的问题，陈独秀觉得不必袒护，无论是自己的个性，还是作为中央局的书记，他都不能这样做。在如何处理三二〇事件问题上，陈独秀觉得自己是在执行共产国际的指示，因此没有主张反击蒋介石。但陈延年不清楚共产国际不愿意影响统一战线的政策，犯了远东局所指责的错误，看来已成事实。自己在儿子的"错误"问题上，爱莫能助。但如果是没有的事，也应该说清楚。古人说，举贤不避亲。既然如此，澄清事实，也可以不避亲。

平常，陈独秀不是一个顾儿子的人。这会儿，陈独秀突然的一句插话，令维经斯基愣了一下。但拉菲斯反应很快，他从厚厚的一叠材料中，拿出了陈延年等人电报的复制件，说："这是从鲍罗廷那里得到的。"显然，精明的拉菲斯已经做了准备。因为和陈独秀讨论他的儿子的错误，需要有足够的证据。这和当陈延年的面说他犯了哪些错误，几乎没有什么不同。

陈独秀没有再讲话，维经斯基见陈独秀不再讲话，继续作报告。

从思想体系看，维经斯基和陈独秀的意见是完全一致的。陈独秀和维经斯基同样认为，陈延年等人在广东，偏离了共产国际和上海中央的路线。因此，在维经斯基发言结束后，陈独秀表态："广州人的错误是：（1）他们孤立地看待广东；（2）他们看不到资产阶级的作用；（3）他们只从共产党人对国民党的需要角度来看待国民党。由此得出：从第一点看，他们没有考虑全国的形势；从第二点看，他们否认戴季陶主义思想的社会基础，并认为左派什么都能做到；而从第三点看，他们只建立左派政权，把蒋介石推开……我们说，'三二○事件'是实行左的方针的结果。要知道，我们已通过同国民党右派在12月份的谈判使他们同意继续与苏联结盟，不禁止国民党员加入共产党，而我们同意仅在领导机构中发挥三分之一的作用。但在5月15日以后，我们连这一点作用都没有了。"

接着，陈独秀反驳陈延年等对中央的批评说："广州人认为，同右派进行谈判导致了'三二○事件'。但要知道，在上海这里的谈判没有结束，因为我病了。孙科去广州是右派召他去的……中央采取的让步政策是正确的。我们在5月15日作了更大的让步。广州人根本否认有必要对国民党作出让步，他们希望有一个左的国民党，他们希望恢复3月20日以前的局面。但这是全国共同的问题，而不仅仅是广东的问题。"

出席会议的人听得出，最后一句话，是陈独秀替陈延年说话，强调他们的情绪在全国有普遍性。唯有这句话，瞿秋白觉得颇入耳。

陈独秀发言结束，彭述之立即发言说："我完全同意老头子的意见。广州的同志有两种有害的倾向，虽然可能他们已经纠正了。他们不仅否定大资产阶级，也否定小资产阶级，他们只考虑工人和农民。对国民党，他们是这样想的，要么应当占据它，要么他们应当退出国民党（他们现在否定后者）。想让汪精卫回来，就是想恢复'三二○事件'

以前的局面。广州的错误部分是由于'英国人'的论点造成的，就其工作性质而言他只看到了军队和国民党。我们所有的工作人员都派到那里去了，我们把那里的人吓坏了，而派到群众中去的人很少……蒋介石是'英国人'的坏学生。"

彭述之附和陈独秀的意见，批评陈延年的同时，把矛头一转，指向了"英国人"（鲍罗廷）。毕竟，陈延年不仅是陈独秀的儿子，也是彭述之在苏联的同学。而且，在内心里，彭述之最不满意鲍罗廷。鲍罗廷拿苏联的钱装备了蒋介石的军队，可自己在广州期间，鲍罗廷连自己的香烟钱也不提供。

听了彭述之指责鲍罗廷的话，陈独秀脸上露出了满意的神色。是的，如果不是受鲍罗廷的影响，陈延年或许不会犯"左"的错误。

对于陈独秀和彭述之将陈延年的错误与鲍罗廷联系在一起，维经斯基没有当场表态。他在很多问题上，和鲍罗廷

1932年陈独秀（左）与彭述之

有意见分歧，并希望共产国际调整鲍罗廷职权。陈独秀和彭述之说的意思，从某种意义上说，正是自己所期望的。但他们的话，似乎没有提出足够的事例。这在自己向共产国际汇报时，是有欠缺的。在陈独秀发言记录后面，维经斯基写下了批语："老头子认为广州同志受'英国人'鲍罗廷的影响犯了错误，这种看法表现在哪儿呢？"

维经斯基并不怀疑陈独秀的结论，而是希望寻找这一结论的可靠证据。

### 9. 陈延年：忍不住了！

共产国际远东局对中共广东区委的调查，一度干扰了陈延年的工作，但他并不因为自己被追究责任而影响工作。北伐军的节节胜利，使他和周恩来等人的革命热情持续高涨。每天，他都紧张地战斗在第一线，组织工农等群众，支持北伐军的前线战斗。与此同时，陈延年迫切需要研究指导革命的理论问题。所以，在共产国际远东局维经斯基等人离开后，陈延年等打算立即出版一个刊物。

1926年9月28日，由广东区委主办、陈延年主编的《我们的生活》创刊号出版。陈延年为该刊写发刊词《告同志》，说："我们的党不是从天上掉下来的，也不是从地中生出来的，更不是从海外飞来的，而是从长期不断的革命斗争中，从困苦艰难的革命斗争中生长出来的，强大起来的"；"广东党部过去虽然做了不少的革命斗争，多少也得了一点苦的经验，然而现在我们还是非常之幼稚，客观事实的表现，革命潮流的高涨，往往超过我们党的主观的力量"；"为推进党的教育与训练，所以我们要印行这个小册子"。

在这段话里，包含了陈延年对共产国际和远东局在指导中国革命问题上的忧虑。"更不是从海外飞来的"，明显地针对共产国际对中国革命遥控指挥问题，针对维经斯基等人的发号施令。但这样的担心和异议，只能隐含在字里行间里。中央的观点、共产国际远东局的观点，和下面的同志的观点特别是和广东区委的观点，差距这么大，促使陈延年、毛泽东、周恩来等思考这样一个话题，即如何确定我们的方针？

但在基本指导思想上，陈延年没有跳出共产国际和中央对自己的左右，"我们还是非常之幼稚"之语，表明陈延年在做自我批评，在自己身上找原因。

　　不断的妥协让步，不是陈延年的性格。11月26日，陈延年在《人民周刊》第32期上以"林木"笔名发表了《忍不住了！》一文，批驳国民党右派分子对工农群众运动的攻击。

　　陈延年写道："我们在许多的事实里，只看见被压迫的劳苦群众仅仅为要求团结而牺牲；为稍稍改善其惨苦的生活来参加国民党革命而牺牲，并找不到一件事实可以证明他们是只顾自己一部分的利益，不顾整个革命的利益；更找不到一件事实可以证明他们是在一个革命的领导之下进行这种斗争，妨害了整个运动；更找不到一件事实可以证明他们得了自己的利，就不肯努力整个的国民革命运动……适得其反，只能证明他们的奋斗，他们的牺牲，他们在国民革命中为其应得的利益斗争时，同时推进了整个的革命运动，增加了整个革命力量。""找不到一件事实"这样的遣词造句，是父亲陈独秀在三二〇事件后，用来讲蒋介石没有一件是反革命事实的话，陈延年用在这里，针锋相对，替工农群众说话。

　　有的同志担心武器被国民党收缴，陈延年说："掌握在工人、农民手里的枪支武器，应好好地保管，必要时应把它埋藏起来，决不能令反动派夺走。"

　　1926年12月初，《中央政治通讯》第12期刊登了李大钊11月写的《听取陈乔年关于西北军政治工作考察报告后的意见》。

　　李大钊写道："冯（指冯玉祥）之为人，极谨细切实，虚心好问，勤俭廉洁，不似其他领袖之狂妄自大，纵容部下贪赃（如蒋的总司令部及黄埔军校），且较其他军事领袖更多懂得民众的痛苦，拥护民众的利益。所以这支军队在未来的革命斗争中，是极有作用的，在目前，牵制奉军不敢南下亦有很大功效。现时，国民政府应尽力维持国民军能在北方存在。国民政府应知道，维持国民军以牵制奉军，即所以保证自己的安全，即所以为将来打倒奉军的预备，除充分的给以物质的援助外，并与国民军联合拉住晋阎，抵制奉军进攻。"

李大钊的意见是针对中共北方区委组织部长陈乔年去冯玉祥西北军考察后写的报告而写的，陈独秀因为陈乔年是自己的儿子，对李大钊的批示特别关注。

陈乔年汇报考察西北军政治工作情况的时间是在1926年11月，他去冯玉祥的西北军考察的时间，应在1926年11月之前。

## 10. 陈延年：鲁迅是我们党真正的朋友

由于北京军阀政府倒行逆施，迫害进步人士，而南方国共合作，革命运动如火如荼，于是鲁迅在和章士钊打完官司后，接受了厦门大学聘书，和许广平南下厦门、广州，开辟新的生活道路。

厦门大学无人可谈，寂寞得很，鲁迅感到"很无聊，肚子不痛而头痛"。他于1927年1月16日离开厦门经香港，于1月19日冒着霏霏小雨，搬入广州中山大学。陈延年知道鲁迅即将来广州后，立即召集李求实等人开会，对团结鲁迅的工作作了周密的讨论和安排。会上陈延年提出，鲁迅到广东后，要帮助他尽快了解广东情况，了解当前的政治局势，他是能够决定何去何从的。

鲁迅到中山大学后，许多进步学生来拜访他。1月31日下午，学生会主席毕磊和徐文雅、陈辅国拜访了鲁迅，并将共青团广东区委出版的《少年先锋》12本送给他，以便帮助鲁迅了解广东共产党的情况。在此前，徐文雅已于1月24日拜访过鲁迅了。

鲁迅到中山大学后，毕磊等人及时将鲁迅到广州的情况向陈延年作了汇报。陈延年对毕磊等人说："鲁迅是热爱青年的，你要活泼一点，要多陪鲁迅到各处看一看。"此后，毕磊、徐文雅、陈辅国和鲁迅愉快交谈，彼此建立了深厚的情谊。鲁迅也通过与他们的接触以及自己的观察，加深了同共产党的感情。

　　鲁迅到广州后，中共广东区委领导下设的学生运动委员会于1927年2月7日创办了《做什么？》周刊，陈延年为该刊定名，并为其第一期撰写发刊词《我们应该做什么？》，说："那些成千成万的，最受侮辱咒骂的奴隶们已经纷纷的站起来了……要将他们的痛苦，他们的要求，译成我们的诗，我们的艺术，我们的科学……这就是我们应该做的。"

　　隔日下午，广州城又下起了小雨，鲁迅正在房间接待傅斯年，徐文雅带了新出版的《做什么？》来看鲁迅。晚上，鲁迅在日记里写道："徐文雅来并赠《为什么？》三本。"（《为什么？》应该是《做什么？》，笔误）

　　看了陈延年的文章《我们应该做什么？》，鲁迅想起了10年前在北京见过的陈独秀儿子陈延年。他忍不住问毕磊："你们的负责人是陈延年吗？延年，我在北京时曾见过他，认识他，他是一个有出息的青年。"表露了想与陈延年会见的愿望。共产党的高级干部，北方的赵世炎，南方的陈延年，当时在党内外都有很大的影响。

　　毕磊把鲁迅的想法向陈延年作了汇报，陈延年请毕磊带话给鲁迅，说近日就去看他。

　　1927年2月20日，鲁迅与许广平一起宴请也到中山大学任教的老友许寿裳。此后，他们经常一起游玩，或远足，或看电影，或聚会，持续十余日。直到3月1日，中山大学开学，鲁迅不得不忙于教务。

　　3月下旬的一天，鲁迅由毕磊陪同来到中共广东区委二楼会客室，和陈延年作了一次推心置腹的谈话。鲁迅亲切地说陈延年是他的"老仁侄"，陈延年也尊鲁迅为"父执"。他们谈得非常融洽，直至深夜鲁迅才告辞，偕毕磊返回大钟楼。

　　这次和鲁迅短暂的见面，给陈延年留下很深的印象，使陈延年进一

陈延年与鲁迅亲切交谈

步明白鲁迅先生站在革命一边的立场。在离开广东赴武汉参加党的五大前夕，陈延年还对毕磊和徐文雅说，"鲁迅是我们党真正的朋友"，要继续做好团结鲁迅的工作。（黎显衡等：《陈延年》，广东人民出版社1985年版，第86页。）

3月黄花节，鲁迅往岭南大学讲演。3月29日，鲁迅因不满中山大学文学院院长傅斯年聘顾颉刚来校任教，与许寿裳一起迁居校外，移居白云楼。

## 11. 离开广州

1927年4月1日，这是一个晴天。陈延年握别中共广东区委的同志们，离开广州，率领出席中共五大的广东区委代表团（苏兆征、区梦觉、黄平等）到武汉。

4月5日，为了拉住汪精卫不被蒋介石所用，陈独秀与汪精卫发表了《联合声明》，大意是中国共产党与国民党不会分裂。为了拉住汪精卫，斯大林指示发电报给汪精卫，请他自欧洲回国，绕道莫斯科。共产国际的意图很明确，不要触怒蒋介石，想方设法维护统一战线不破裂。（陈汪发表《联合声明》后，马尔丁诺夫在《真理报》上评论该声明："现在中国共产党是在按照正确的方针办事"。）

陈独秀与汪精卫发表联合宣言后，根据共产国际的指示，离开白色恐怖下的上海，去武汉主持中共五大。

刚任汉口《民国日报》主笔的高语罕从武汉拍电报到"亚东"，请汪原放去武汉帮助他，担任该报的编辑。这时，汪原放已经在陈乔年的介绍下，加入了中国共产党。他拿着高语罕的电报去见陈乔年，问："去不去武汉呢？"当时，陈乔年因北方形势紧张，根据中央的指示，和赵世炎、罗章龙等也到了上海。汪原放见陈乔年时，郭伯和也在，他们都赞成汪原放去武汉。

于是，汪原放与陈乔年、史静仪夫妇，彭述之、陈碧兰夫妇，相约一起动身。他们乘的是一艘英国船，船的两边装有钢板，军舰尾随保护。因为长江两岸常常打枪，安了钢板就比较安全。当时，史静仪已经挺了大肚子，就要生了。

到武汉后，大家先在旅馆住下。第二天，汪原放去《民国日报》馆见高语罕，才知道主笔已经换成了茅盾，高语罕被调走去搞别的工作去了。茅盾说：我在这里一样，你继续做《民国日报》国际编辑。

陈延年到武汉后，从4月4日起，作为中共广东区委书记，多次出席瞿秋白主持召开的中共中央会议。会余，陈延年对安徽省代表团周范文说，你同柯庆施研究一下，向中央提出成立安徽省临委，以领导安徽各地党组织和工农革命运动。在陈延年的关心下，5月下旬，中共安徽省临委成立。书记是柯庆施，尹宽、王步文等是临委成员。在此之前，陈延年的老乡岳西人王步文曾出席国民党二大。

4月10日，瞿秋白主持中共中央在汉口的会议。张国焘、谭平山、彭述之、李立三、苏兆征、蔡和森、毛泽东、罗章龙、萧子暲、贺昌、沃罗夫斯基（黄平）、陈延年、罗易、多里奥（即维经斯基）、阿尔布列赫特、福京、鲍里斯等出席。

蔡和森1925年10月到莫斯科，担任中国共产党驻共产国际的代表。因为生病，他在莫斯科一直待到1927年。这次，蔡和森奉命回国参加中共五大。

这次会议决定：通过罗易提的决议案；立即召回布哈罗夫（罗亦农）；将档案转移到汉口；任命陈延年为中共上海委员会代理书记。

## 12. 受命于危难之时

将陈延年这样坚定的革命家派到残酷的环境下继续和蒋介石作斗争，不仅是考虑到陈延年有在广东领导全党最大的区委的经验，是有能力的区委书记，更是考虑到了陈延年对蒋介石一贯的警惕和强硬的态度。

1926年夏秋，维经斯基等人追究陈延年在三二〇事件上的所谓"错误"，最后被形势的发展所淹没。蒋介石在江西、安徽等地不断制造反革命事件表明，当初陈延年等人主张反击蒋介石的策略不仅没有错，而是有先见之明的。

在如何看待陈延年的所谓"错误"等问题上，陈独秀和瞿秋白等人有分歧。远东局内部维经斯基和拉菲斯等人之间也有分歧。拉菲斯回苏联后，于1926年12月14日在莫斯科作关于远东局工作报告，提到中共中央因为三二〇事件的成因、广州的同志的责任和策略等问题出现了组织摩擦。他举例说，张国焘说他不能容忍把他排斥在领导工作之外，瞿秋白因他不同意右倾方针，在中央委员会内处于孤立状态。说明陈延年的反击蒋介石的策略，当时就得到了瞿秋白的支持。但瞿秋白在中央局属于少数派，陈独秀、彭述之的意见占据了主导方面。

但维经斯基认为，拉菲斯等人夸大了中央委员会内部的分歧和摩擦。现在，维经斯基和瞿秋白在派陈延年去白色恐怖下的上海的问题上，达成了共识。

1927年4月10日，陈延年和李立三、聂荣臻、维经斯基动身去上海，贯彻中央刚通过的《关于沪区工作的决议案》。

陈延年知道，此时去上海凶多吉少，做了最坏的准备。两年前，廖仲恺被杀后，陈延年在广东区委大会上说，"如果怕死，就不要做共产党员"。这一辈子，延年和乔年兄弟过着艰苦的生活，几乎没有过过像样的日子。父亲1919年五四运动后被捕，他也没有产生畏难情绪。残酷的环境培养了陈延年坚强的革命斗志，早已把生死置之度外，准备随时牺牲自己的一切。

就在这天，陈独秀抵达武汉。听说陈延年被安排去上海，陈独秀心里"咯噔"了一下，他何尝不知道，陈延年的这次虎穴之行，凶多吉少。但他作为中共中央书记，支持儿子去最危险的地方领导开展反对蒋介石的斗争，是义无反顾的。

像平常见面一样，父子没有什么特别的嘱咐，仍然是同志式简单交谈了几句即匆匆分手。只是父子的眼神里，都有一层过去见面所没有的怅惘，有一层说不清的空蒙。但他们心里都很清楚，这次分别，可能意味着什么。

春雨如烟，乱云飞渡。就在陈延年等往上海的路上，蒋介石发动了四一二反革命政变。

在广州，毕磊等二百多名进步学生被捕。倾心于教育青年、寄希望于未来的鲁迅，当天冒雨出席了中山大学各主任紧急会议，并在第二天下午捐款慰问被捕学生，参与社会各界的多方营救。但最后，萧楚女、熊雄和毕磊等同学还是惨遭杀害。毕磊受尽酷刑，最后被装进麻袋，扔进珠江牺牲。鲁迅在悲悼烈士的同时，亦无情地自我解剖，省悟出"唯新兴的无产者才有将来"，坚信只有共产党才能救中国。

　　毕磊等学生牺牲后，4月21日，鲁迅辞去中山大学一切职务，在白云楼闭门不出。他三次退还中山大学聘书，并对许广平说："一同走吧！还有什么可留恋的！"1927年9月27日，鲁迅动身去上海时，随身还携带了刊登有陈延年文章的《少年先锋》和《做什么？》杂志。

　　在腥风血雨中，陈延年受命于危难之时，抵达白色恐怖中的上海。他像一只羔羊，没有任何防御措施，一步步地陷入了敌人的罗网。

# 第七章　腥风血雨（1927—1928）

## 1. 中共江浙区委书记

1927年4月13日，即蒋介石进行反革命大屠杀后的第二天，一大清早，郑超麟正在房间睡觉，有三个人来到他家，把他从床上拉起来。这三个不速之客就是陈延年、李立三、聂荣臻。从梦中醒来，郑超麟战战兢兢，以为发生了什么事，等看清楚了是陈延年，他怦怦直跳的心才逐渐安静了下来。

陈延年一行昨天在南京知道了上海事变，于是乘火车到上海。陈延年过去经常住在郑超麟家，加上三人都是郑超麟在法国的同学，是共同的熟人，郑超麟又是中央宣传部自己的同志，所以他们第一站就到了郑家。

"你去找罗亦农、赵世炎，带他们来这里。"陈延年脸色严峻地说。

在陈延年和郑超麟说话的时候，李立三和聂荣臻站在窗前，观察了郑超麟住处外面的情况。他们一夜未睡，脸色苍白。

郑超麟不知道陈延年等人为什么这个时候到上海，这太危险了。但他明白党的纪律，不该问的不问，尽管他和客人很熟悉。他说："好，我这就去。"

当时，罗亦农、赵世炎等人隐蔽在北四川路底靠铁路的黄陆路附近。

罗亦农1926年任中共江浙区委书记，赵世炎1926年5月到上海任中共江浙区委组织部长兼上海总工会党团书记和军委书记，他们都参与领导了上海工人三次武装起义。起义胜利后，罗亦农任上海特别市临时市政府主任委员。中共江浙区委主席团成员除了罗亦农、赵世炎，还有庄文恭、尹宽和何松林三人。

郑超麟赶到赵世炎他们隐蔽的住所，急急忙忙地说："陈延年、李立三和聂荣臻三人来了，现在在我家里，他们叫你们去。"

罗亦农让郑超麟把陈延年三人带到他住处。之所以这么做是因为这里比郑超麟家安全些。蒋介石发动四一二反革命政变后，这几天，正以万元悬赏通缉罗亦农、赵世炎等。他们每公开露面一次，无疑是多冒一次生命危险。

郑超麟回去后，把陈延年三人带去了。

事后，郑超麟才知道，这是中央派陈延年来代替罗亦农职务的。

这是郑超麟最后一次见到陈延年。他自己很快要离开上海去武汉出席中共五大。

当天，陈延年、李立三、聂荣臻传达了中央调整中共江浙区委组织的精神。陈延年接替罗亦农任中共江浙区委书记后，新的主席团成员是陈延年、赵世炎、郭伯和。他们谁都没有想到，这个新的领导机构，只存在两个月，就因陈延年、郭伯和等人的被捕而不得不再次调整。

陈延年到上海前，中共上海区委于1927年3月对上海的八个部委进行调整，杨树浦部委和引翔巷部委合并成立沪东部委，小沙渡部委和曹家渡部委合并成立沪西部委，浦东、闸北、南市、法租界四个部委不变，增设公共租界（沪中）部委和吴淞部委，这样，仍保持上海区委下辖八个部委的建制。

4月15日，李立三、陈延年、周恩来等出席中共上海区委主席团会议。周恩来主张武汉立即出兵讨伐蒋介石，说："蒋的力量并不大，只要武汉出兵，有五万精兵一月即可削平蒋的势力。"谈到过去陈独秀等人的错误，周恩来不点名地说，"上海过去太退让，是错误"，并提议立即将此意见电告武汉政府。

## 2. 北伐与东征

中共中央于1927年4月16日在武汉正式开会讨论有关北伐问题，但大家意见不一。陈独秀、彭述之、张太雷赞成鲍罗廷的意见（也是汪精卫的意见），主张北伐；谭平山、张国焘仍然主张南伐；瞿秋白主张经过南京北伐；蔡和森提出了四个条件的北伐纲领。张国焘笑着对蔡和森说："照你这四条件，等于打消北伐，国民党怎能接受？还是赞成咱们南伐吧。"经过争论，请瞿秋白起草继续北伐问题的决议。

同一天，李立三主持了中共上海区委主席团会议，周恩来在大会上指责了《汪陈联合宣言》和武汉政府的不讨伐蒋介石的态度，说："自十日以来，我们毫无一点宣传，致市民不知惨案的真相。"

陈延年赞成周恩来的意见，说，我们应乘资产阶级政权尚未牢固前打击蒋介石，才有胜利的希望，如果再延缓，资产阶级的政权一经稳固，我们就无法打。

在特别委员会议上，李立三宣布由李立三、陈延年、赵世炎、周恩来、罗亦农和维经斯基等三个苏联人共同组成特务委员会。周恩来发言强调，致电武汉应提出两点："政治上，要指明上海暴动后有右倾错误，如继续非常危险。"四一二事变说明"老蒋只是对我们表面和缓，实际是准备整个打击，但我们事前太和缓，以致没搞好反蒋宣传"。周恩来说，《汪陈联合声明》"毫无积极意味，此种和缓空气，如果武汉方面继续下去，各方损失很大"。"军事上，武汉方面对于老蒋无积极对付的方策"，"应先解决老蒋然后可以北伐。现在，我们应打一电报给武汉提出抗议，要求赶快决定打东南的方策"。

会上决定由周恩来起草致中共中央意见书，由周恩来、赵世炎、罗亦农、尹宽、陈延年、李立三签名。

在隔日的第二次特委会上，陈延年说："不能简单的希望武汉来，而是上海也要自己有工作。"就在这天，蒋介石在南京另组国民政府，陈独秀、谭平山、林伯渠、徐谦、吴玉章、恽代英、毛泽东、周恩来、陈延年、赵世炎等共产党人和国民党左派193人的名字，被列在"南京国民政府"的第一号通缉令上。

4月22日，李立三、罗亦农等离开上海到武汉出席党的五大。分手前，周恩来请罗亦农带两点意见给大会：中央要承认错误，彭述之不能进中央委员会。

罗亦农去汉口出席中共五大，被选为中央委员，后调任中共江西省执委书记、湖北省委书记，和乔年一起工作。

对于陈延年、周恩来等人的意见，罗易和陈独秀等人开始作了一个不主张立即北伐的决议。但因为国民政府和鲍罗廷意见一致，陈独秀只好撤销东征的意见。在武汉出兵方向上，汪精卫权衡武汉国民政府中两派意见，决定继续北伐，同时也成立一个土地委员会，研究土地问题。这个意见得到鲍罗廷的支持。

陈独秀抱怨道："现在罗易和鲍罗廷都拿不定主意，罗易要巩固两湖，鲍罗廷要北伐京津，我看国民政府能免掉蒋介石的职，通缉蒋就不错了，叫它东征，是很难的。"

3月，苏联驻华代表N.那桑诺夫等人给苏共中央去信，指责维经斯基右倾。于是，印度人罗易被派往中国，成为共产国际在这里的首席代表。

广东"四一五"反革命政变后，形势骤然紧张。谭天度冒着危险去上海找时任中共江浙区委书记陈延年。陈延年曾就任过广东区委书记，参与领导过省港大罢工，为广东党组织的发展壮大做出过许多贡献，被人们誉为"拓荒牛"，在广东党员干部中有很高的威望。

见到陈延年，谭天度说："中央有什么动作没有，为什么不反击蒋介石？"表达了急于向国民党反动派复仇的激动情绪。陈延年劝他冷静下来，说："革命，血总是要流的。这次我们经验少，吃了大亏，但也使我们对国民党反动派的本质看得更清楚了，也把我们党锻炼得更精明刚劲了。只要我们好好地总结这些经验教训，我们就有胜利的希望。"陈延年一番推心置腹的话语，像黑夜中的火把，让谭天度于迷茫中看到了希望，坚定了他革命到底的信心和勇气。

### 3. 瞿秋白：中国革命中之争论问题

1927年4月27日，中共五大在武昌高等师范第一附属小学礼堂开幕。

会场一片肃静。被蒋介石通缉的共产党"首要分子"大部分都在这里。为了防止意外，在汪精卫致贺词离开后，会场迁往汉口市郊黄坡会馆。场内条桌后的条凳上坐着正式代表，加上工作人员及非正式代表，有一百多人。代表们没有出席证，进门时用"口令"，第一天上午用"冲锋"二字。

李大钊没有来，五大开幕这天，是他临刑前一天。4月28日下午2点，李大钊身穿被捕时的灰布棉袍、青布马褂在警察厅看守所被绞杀。同时遇难的有路友于、范鸿劼等共20人。李大钊牺牲时，年仅38岁。

邓培、萧楚女、熊雄、李启汉、刘尔崧没有来。10天前，他们在广州被国民党反动派杀害。

周恩来、陈延年、赵世炎没有来，作为转入地下斗争的上海特委，他们正在白色恐怖之中与敌人周旋。中共五大开幕这天，周恩来、陈延年等出席上海区委主席团会议。会议讨论职工运动、农民运动和军事策略等问题，周恩来提议军事工作由王一飞负责。职工运动的口号是：要求增加工资、改良工厂待遇、实行八小时工作制、实行孙中山的家工政策、拥护上海总工会。

陈独秀主持了中共中央第五次全国代表大会。在他身旁坐着罗易、维经斯基、鲍罗廷及米夫、罗卓夫斯基等人。会前，住在中央机关61号的陈独秀精心准备了数万字的发言提纲。穿着长衫的陈独秀作工作报告，足足讲了五个小时。

大会工作人员羊牧之走到低头一支接一支抽烟的瞿秋白身边，轻声说，"叶挺问中央讨论过没有？"瞿秋白半天没有吭声，最后说，"要相信中央"。陈独秀的报告，在"五大"预备会上讨论过，而且发生了争论。对于中山舰事件，陈独秀归咎于革命力量不足，甚至指责上海工人不该起义。别人一提到党内妥协退让，陈独秀就发火、就训人。这些情况，瞿秋白当然不好告诉羊牧之。

陈独秀发言后，要求签名发言的达38人，几乎达到参加会议代表的半数，其中，任弼时、瞿秋白等人的发言最引人瞩目。

第二天开会时，每个代表前的长桌上放着一本四万字的小册子，这就是瞿秋白从上海到武汉后写的《中国革命中之争论问题》。瞿秋白列举了1923年至1927年党内领导层右倾错误17例，说："将这些事实一一罗列起来，自己看一看，真正要出一身冷汗！"

在这个长篇小册子里，瞿秋白把矛头直指陈独秀、彭述之。陈独秀的名不好点，瞿秋白就直接点彭述之的名。他写道："彭述之虽然一口咬定没有民族资产阶级，民族资产阶级等于似有似无的鬼，实际上却去和这个鬼联合，以备反抗他所认为是买办阶级的新右派。如此说来，资产阶级是有的，不过是'鬼'而不是人，他的力量很小，不妨和他联合。这真是彭述之的有鬼论！"在文章后面，瞿秋白写道：我们的党已经是群众的了，我们党一定能克服并消灭彭述之主义。

坐在杨之华身边的恽代英一边翻《中国革命中之争论问题》，一边笑着对杨之华说："这个标题写得好，写得尖锐。"他是指扉页上副标题"第三国际还是第零国际？——中国革命中之孟塞维克主义"。见杨之华在认真听，恽代英接着说："目录上的五大问题也提得鲜明，问得实在好！"这五个问题是：中国革命吗？谁革谁的命？谁能领导革命？如何去争领导？领导的人怎样？恽代英和瞿秋白是老乡，他们和张太雷都是江苏常州人。

大家迅速阅读小册子，脸上不时地露出笑容，有人在小声交谈，交换意见，会场上出现了喜气洋洋的气氛，昨天令人压抑的气氛被冲淡了。

彭述之早已躁动不安，嘴里咕哝咕哝"见了鬼了"。这是彭述之的口头禅。在小组讨论时，瞿秋白当面讽刺彭述之："当前革命的领导权，已经或正在被这个鬼篡夺了。"正在做记录的羊牧之发现，瞿秋白脸色刷白，但声调高昂。

## 4. 父子三人同时被选为中央委员

毛泽东在大会上发言批评了中央的错误，他在大会前和彭湃、方志敏等同志准备了关于农民问题的提案，但陈独秀拒绝将此在大会上交流，并将毛泽东排斥在大会领导之外。

任弼时发言说，陈独秀的政治路线是错误的，是自动放弃无产阶级在民主革命中的领导权。对国民党不敢批评，处处退让，是毫无独立的阶级政策。对于陈独秀赞成"到西北去"的主张，任弼时严厉地说，这是投降主义、逃跑主义。

在"五大"上，李维汉与陈独秀也存在重大分歧。4月，李维汉写了《湖南革命的出路》，提出中心问题便是土地问题。"五大"前夕，湖南区委拟定了土地问题决议的草案。但陈独秀、鲍罗廷、罗易等人认为，解决土地问题要以国民政府颁布的法令为遵循，主张等国民政府公布土地法令后再实施。毛泽东、李维汉等人认为，不要等法令公布，立即就可以在湖南自上而下地插标分田。

罗易本来想在"五大"选举中央委员时调整陈独秀职务，但维经斯基不主张调整陈独秀，他在5月3日大会发言时提出，对陈应该有工作上的肯定。他说："在大会辩论期间，我们党的成就谈的很少。我希望陈独秀同志在闭幕词中谈谈成就……最后我想说，在代表大会以前，党就有一种不只是由政治原因引起的病症，不是存在一个中心，而是两个中心。不久这些原因就会消除。"此外，苏联驻华代表那桑诺夫、福金、阿尔勃雷希脱3月中旬给苏共中央去信称，"老头子"享有巨大的威望，能够继续成为党的领袖之一。

但陈独秀自己已感到，通过的决议中许多内容和自己相左，昔日在党内的威信已减弱了。在瞿秋白、任弼时、毛泽东、恽代英等大多数代表坚持下，会议批评了陈独秀等人的错误，如：中山舰事件，使资产阶级占上风；上海工人武装起义，重视拉资产阶级进市民政府，没有提出土地问题及与农民团结的问题；蒋介石叛党时，不能使他孤立；等等。

罗易见不能够调整陈独秀，改口说："中国的劳动群众是英勇的斗争，因此，中国不会有孟塞维克主义。"结果选举时，已丧失部分权威的陈独秀仍当选为中共中央总书记。但罗易主张中央委员会应增加新的力量，选举中央委员时应增加人数。

根据罗易等共产国际代表的意见，中共五大在选举中央委员会时增加了人数。结果陈独秀、张国焘、蔡和森、周恩来、李维汉、李立三、瞿秋白、刘少奇、苏兆征、张太雷、阮啸仙、任弼时、陈延年、罗亦农、陈乔年、贺昌、向忠发、彭湃、项英、彭公达、赵世炎、恽代英、谭平山、彭述之、罗章龙等31人当选为中央委员。此外，选举候补中央委员毛泽东、陈潭秋、陆沉、黄平、李振瀛、袁达时、林育南、吴雨铭等14人。政治局委员是陈独秀、蔡和森、周恩来、李立三、李维汉、瞿秋白、谭平山、张国焘、苏兆征等9人。政治局常委为陈独秀、李维汉、张国焘，周恩来为秘书长。这是中国共产党成立后人数最多的一届中央委员会。

陈延年、赵世炎、周恩来没有出席会议，他们是在缺席的情况下，被选举为中共中央委员的。

陈独秀和陈延年、陈乔年同时进入中央委员会，父子三人同时被选进同一届中央委员会，这是中共中央历史上的第一次，到目前无止，也是唯一的一次。

陈氏三父子的辉煌是短暂的，几个月后，陈延年就牺牲了，陈独秀本人提出辞职，离开了中共中央总书记的职位。仅在一年以后，在中共中央六大上，父子三人的名字都消失了：父亲陈独秀没有再进入中央委员会，不久陈延年、陈乔年也落难，他们的年轻的生命被蒋介石反动派扼杀了。

### 5. 陈延年住到了赵世炎家

1927年5月下旬的一天，赵世炎高兴地对夫人夏之栩说："明天延年同志要搬到我们家来住。"周恩来因为担任了中共中央秘书长，根据中央指示，这时离开上海去武汉，负责中央秘书处工作。

5月20日，中共中央常委决定陈延年不再回广东，由彭湃、穆青、黄平、赖玉润、阮啸仙等组织广东省委。陈延年接任江浙区委书记后，赵世炎任中共江浙区委常委、组织部长。他们几乎每天都见面，一起研

究和解决问题。为了工作上的方便和陈延年的安全起居，赵世炎建议陈
延年住到自己的家里。

夏之栩听说陈延年要住到家里来，十分高兴。夏之栩，这一年21
岁，浙江省海宁人。1918年，她入湖北女子师范学校读书，在学校接
受了共产主义思想的启蒙教育。1922年5月加入中国社会主义青年团，
1923年1月转为中国共产党党员。这一年，她到北京担任北方区团委委
员。1924年1月至9月任青年团武昌地委候补委员。2月至9月负责青年
团地委工运工作。1925年2月至10月任共青团北京地委候补委员。陈乔
年到北京任区委组织部长，她和乔年在北方区委一起工作了一年多。后
来，她一度担任中共中央秘书处秘书。

在这之前，夏之栩还没有见过乔年的哥哥、大名鼎鼎的陈延年呢！
陈延年是丈夫的好朋友，一起在法国和莫斯科留学，是主持南方工作的
重要干部。赵世炎在自己面前，谈过许多有关陈延年的事。

赵世炎说："延年同志是一个只知道工作，不知道生活的人，工作起
来常常废寝忘食。他来了，可得要多多照顾他的生活啦！"

夏之栩笑着说："当然，这样一个好同志，怎能不好好照顾呀？"

当天，夏之栩把三楼一间空房子打扫干净，并简单地布置了一下，
等着陈延年同志的到来。

第二天中午，赵世炎陪着陈延年来了。陈延年身穿一件旧中山装，
提着一个小皮箱，大步地走了进来。

"这是延年同志。"赵世炎介绍道。

陈延年亲切地看着夏之栩，夏之栩也好奇地看着他。他就是延年同
志吗？怎么一点不像乔年呢？陈乔年文质彬彬，皮肤白白的，不注意，
还以为是公子哥呢！可陈延年皮肤黑，身体壮，不像是个读书人，倒像
一介武夫，干粗活的。但陈延年憨厚朴素的样子，给夏之栩留下了深刻
的印象。这两个儿子与他们的父亲陈独秀，一点也不像啊！

寒暄了几句，赵世炎和夏之栩把陈延年送到三楼的房间。

上了楼，陈延年高兴地说："太好了。"他把提包打开来，取出一块手绢，揩脸上的汗。这时，夏之栩看见，陈延年的提包，有几件旧衣服，此外，就是一些书籍。

陈延年一面揩汗，一面从口袋里掏出几张钞票，约三四十元，递给夏之栩，笑着说："我不会管生活，在这里有吃有住就行，这些钱交给你支配好了。"

夏之栩不知所措，不知道该接不该接，只好望着丈夫。

赵世炎笑了，对妻子说："他的话是真的，你拿着吧。他的吃、穿问题都由你负责好了。"

这时，夏之栩发现，陈延年穿的衣服已经不合季节。天气已到了夏天，在上海这样的大都市，他穿这套旧中山装，与环境也不相称。穿不合时令的衣服，一看就不是本地人，很容易引起特务的怀疑啊！

当天，夏之栩上街，为陈延年准备了夏衣以及一些日用品。

接过夏之栩买的衣袜，陈延年笑着说："我夏天从不穿袜子，还是给世炎穿吧！"

陈延年工作夜以继日，赵世炎经常劝他："大陈，你要注意身体啊！"

陈延年笑着说："不要紧，我能挺得住。"

在赵世炎家住的时间很短，一个月后，陈延年就被捕了。


## 6. 陈延年被捕

1927年6月26日上午，上海北施高塔路恒丰里104号（现山阴路69弄90号）中共上海区委所在地，陈延年、郭伯和、韩步先等人正在召开江苏省委成立大会。这是一幢砖木结构的三层楼石库门新式里弄住宅，

1926年建成。新房子竣工后，上海区委在这里开办党校。这里也是上海工人举行第二次武装起义的指挥所。

会议上，王若飞传达了中央的任命，陈延年任中共江苏省委书记、郭伯和任组织部长、韩步先任宣传部长。中央决定赵世炎到中央工作，所以没有安排他在中共江苏省委任职。约在5月中旬，中央常委决定王若飞继续担任中央秘书厅主任。这以后不久，王若飞奉中央常委之命赴上海。王若飞走后，中央常委于5月29日决定由任作民暂代其职务，瞿景白、陈昭礼担任记录等工作，黄玠然（原名黄文容）专任陈独秀的秘书。

根据中共中央的指示，会上宣布中共上海区执行委员会撤销，成立中共江苏省委员会兼上海市委员会，它既是江苏省又是上海市地方党组织的领导机构，管辖除上海和江苏省外，包括安徽省的凤阳、泗县、宿县、灵璧、萧县和蚌埠等地的党组织。

就在这时，董星吾进来报告，一位交通员被捕了。在这之前，有一个流氓混进了党内，并且当上了上海某区委书记，由于他出卖同志，导致这位交通员的被捕。陈延年心头一紧，不好，这位交通员知道这个秘密处所。他和王若飞、赵世炎、王首道等商量后，立即宣布提前结束会议。告诫大家小心谨慎，以防万一。

下午三时，恒丰里104号暗处，陈延年等人观察周围动静，见没有什么异样，便冒险进门，焚烧办公室内许多秘密材料，以防止给党带来更大的损失。他想，也许这个交通员没有叛变呢！他决定今后不再来这里了。

这个决定，后来令陈延年懊悔不已。

刚坐下不久，上海警备司令杨虎派大批军警包围了恒丰里104号，陈延年悔之已晚，一面掩护其他同志从窗上逃走，一面抄起座椅奋力和扑上来的敌人搏斗，直到筋疲力尽。搏斗中，陈延年的白色衬衫被扯破，划破了皮肤，最终被敌人擒获。在陈延年等人与敌人搏斗时，交通员耿其昌等两名同志从屋顶逃走。当时，韩步先想把文件藏起来，混进党内的这个流氓同韩抢文件……郭伯和、韩步先也一起被捕。

交通员叛变了，但他并不认识陈延年。当时陈延年身穿短衣，裤腿上扎着草绳，自称是受雇到这里做工的，名叫陈友生，没有暴露自己的身份。敌二十六军对待陈延年像对待普通的共产党员一样，将他押往龙华监狱。

7月7日，上海《申报》发表《二十六军捕获共产党经过》，说：当军警冲入机关时，陈延年等奋起反抗，"于是双方扭打，以至精疲力竭，皮破血流，衣服等亦均为之撕破。结果，被逃二人，捕获四人。"

陈延年怀着一线希望，给五马路亚东图书馆汪孟邹写信，请他代想办法营救。蒋介石现在是一条疯狗，抓一个杀一个，自己是陈独秀之子，又是中共中央委员、中共江苏省委书记，此次被捕，在劫难逃，但敌人毕竟没有认出自己，也许还有放回的可能。陈延年写道："我某日在某处被捕，现拘押在市警察局拘留所。我是工人，不会有多大嫌疑，现在我的衣裤都破烂了，请先生给我买一套衣裤送来。"信尾署名"陈友生"。

与此同时，赵世炎、王若飞等同志也在想方设法营救陈延年，甚至和敌办案人员谈妥，交800元放人。

盛夏的一天，刚刚租下上海极司斐尔路（万航渡路）49号甲的一幢楼房的胡适，被一阵急促的敲门声弄得心神不定，开门一看，见是满头大汗的汪孟邹。汪着急地说，仲甫的儿子延年被捕了，你快想法子救救他。

说着，汪孟邹将一张皱巴巴的纸条递给他。胡适一看，果然是陈延年亲笔写的求援信。尽管字迹潦草，还是认出是陈延年的笔迹。

### 7. 吴稚晖出卖陈延年

接过汪孟邹递过来的信，胡适心里一沉。今年春，胡适回到日本后，估计北洋军阀即将覆灭，发表了谈话，说："蒋介石将军清党反共的举动能得着一班元老的支持……是可以站得住的……是可以得着我的同情的。"蒋介石的"四一二"清共，胡适在日本报纸上也看到了。他估计仲甫劫数难逃。因为已听到了陈独秀被捕的话，但高梦旦说："外传陈氏已被捕，似不确。"这回陈延年难逃一死，蒋介石开杀戒后，已杀了许多共产党人，对于共产党头号人物陈独秀的儿子，蒋当然不会放过。胡适眼前浮现在北大时见到陈延年的样子。

仔细看陈延年的信，虽然只提到买衣服送来，其实是将自己被逮捕的消息通知了汪孟邹。"陈友生"，就是陈姓朋友所生，分明是暗示收信人，自己姓陈，父亲是你的朋友。这不是延年，还是谁呢？陈乔年这时在武汉，只有陈延年在上海呢！

"我一定营救。"胡适安慰汪孟邹说。尽管凶多吉少，他还是答应试试帮忙。但胡适毕竟和蒋介石没有私人关系，蒋介石的红人吴稚晖是陈延年的老熟人，数年前曾帮陈延年、陈乔年赴法留学。胡适决定将信转给吴稚晖，请他帮忙。

吴稚晖见到胡适转来陈延年的信，暗暗欢喜起来。1921年秋天，蔡和森、陈毅、李立三等104名留学生为争夺中法里昂大学与吴稚晖等闹矛盾，被押送回国，此后，陈延年逐渐脱离吴稚晖的无政府主义影响，转向共产主义。对此，吴稚晖恨在心头，想不到，陈延年今天栽到自己的手里来了。

吴稚晖思忖再三，立即给上海国民党警备司令杨虎写信"祝贺"："今日闻尊处捕获陈独秀之子延年……不觉称快。"延年"发生额下，厥壮极陋……恃智肆恶，过于其父百倍"。这杨虎不是别人，正是随蒋介石一路制造赣州事件、九江惨案、安庆"三二三"事件的特务处长。

杨虎见信，大喜过望，他没有想到陈独秀的儿子、上海共产党的头号负责人陈延年已被抓获。陈延年是共产党内反对蒋介石的强硬派，这可是他在上海捕捉到的共产党最大的一条鱼啊！看完信，兴奋的杨虎立即带人赶到龙华监狱。

"你是陈延年吗？"杨虎问。

陈延年摇头。他不知道汪孟邹找了胡适，也不知道胡适找了吴稚晖，更不知道吴稚晖居然向杨虎出卖了自己。但他知道，自己的名字一旦被敌人搞清楚，指望汪孟邹救自己的最后希望就破灭了。

杨虎"嘿嘿"冷笑了几声，叫人带上韩步先。满身血污的韩步先浑身筛糠，见到陈延年，忙将眼睛转向一边说："他就是陈延年。"

"无耻！叛徒！"陈延年破口大骂韩步先。

蒋介石获悉逮捕陈延年的消息后，致电国民党二十六军政治部，称赞他们"忠诚为党……深堪嘉许"，并指示需"切实讯明为要"。

蒋介石嘉许杨虎的电报在《申报》上披露后，赵世炎等同志知道，陈延年的处境更加危险了。

1927年7月2日，夏日的一阵雷雨中，没有及时搬走的赵世炎的家被敌人团团围住。敌人进门后，发现赵世炎不在家，便埋伏在屋内。赵世炎的妻子夏之栩与其岳母非常着急，岳母夏娘娘想移走窗口一盆花，为赵世炎报警，敌人不准她动。为了救女婿，夏娘娘奋不顾身，将花盆从窗台上推下。遗憾的是，这场暴风雨帮了敌人的忙。

朦胧的大雨阻挡了赵世炎的视线，轰鸣的雷声掩盖了花盆落地的声音。岳母奋不顾身发出的报警信号，赵世炎一点也没有注意到，几乎与花盆落地的同时，赵世炎一步跨进了院子。夏之栩和岳母脸色煞白，挣扎着说要赵世炎快跑，但已经来不及了。敌人蜂拥而上，将赵世炎死死地抓住。

在被敌人带走的最后时刻，赵世炎用简短的暗语告诉夏之栩，迅速通知王若飞等同志及时转移。由于夏之栩及时送信，王若飞等同志避开了敌人的搜捕。

陈延年被捕后，不到10天，赵世炎即被捕。这两位从塞纳河畔到莫斯科红场的战友，几乎同时面临着被处决的厄运。由于中共江苏省委领导机关连续两次遭到大破坏，中共中央决定组建中共江苏临时省委，从1927年7月初到8月中旬，由王若飞任代理书记。

## 8. 陈独秀：同意上山

1927年7月4日，中共中央在武汉举行了常委扩大会议，讨论保存农村革命力量问题。陈独秀、李维汉、邓中夏、蔡和森、柳直荀、周恩来、戴述人、张国焘、任弼时等人出席了会议。在武汉的中央委员、党的活动分子、共产国际代表、少共国际代表都参加了。

周恩来5月下旬从上海秘密乘英国轮船到武汉后，在5月29日的中共中央政治局常委会议上，正式代理张国焘的中央常委职务，加入中共中央领导核心。6月3日，中共中央增选瞿秋白为常委。次日起，中央常委由陈独秀、瞿秋白、蔡和森、周恩来四人轮流值日，持续到6月下旬。

毛泽东作为农民协会会长和候补中央委员参加了会议。他刚将杨开慧及三个孩子送回长沙。毛泽东对陈独秀将他调出湖南很有意见。到武汉后，他召集来武汉的湖南同志开会，鼓励大家回湖南进行武装斗争。

由于陈延年被捕，陈独秀胡子拉碴，身心更加疲惫。在谈到湖南问题时，陈独秀仍然不同意毛泽东的观点。不久前，他和毛泽东之间有一次不愉快。许克祥在长沙叛变革命后，陈独秀劝毛泽东去四川，但毛泽东希望回湖南工作，说那里现在是白色恐怖，需要加强领导。陈独秀见毛泽东坚持，便同意他去湖南任临时省委书记。毛泽东回湖南后，从郑州开分共会议归来的唐生智企图加害毛泽东。毛泽东和陈独秀不一样，兵来将挡，水来土掩，立即组织了农民武装，准备推翻唐生智在湖南的统治。唐生智见来头不对，急电汪精卫，说毛泽东要武力推翻他。陈独秀知道后发了一顿火，说"这一手来不得"，又把毛泽东从湖南调回汉口。见到毛泽东时，陈独秀批评他：我叫你去四川，你偏要回湖南。你回湖南又组织暴动反对唐生智，这不是给汪精卫找借口吗？

这次召开中央常委扩大会议，陈独秀说："湖南农协要改组，国民党中央农民部可派人去改组。"毛泽东是农民协会会长，说："派一左派同志为好。"

谈到将来，陈独秀说："对于将来，我们有三条道路：（一）脱离国民党并执行独立的政策。（二）实行退却，以便留在国民党内。（三）执行自己的政策，但留在国民党内。"

任弼时赞成第一种方法，他要求宣读共青团的《政治意见书》。陈独秀说，"第一种方法是不正确的。青年团没有权利提出政治决议案"。任弼时也不示弱，他瞧了一眼坐在身边的青年团国际代表说："青年团国际的这位代表可以说一说，青年团是否有这种权利。"看得出，任弼时为争取在大会上宣读《政治意见书》，事前已和青年团共产国际代表商量过。陈独秀正在气头上，见比乔年还小的任弼时在这么多人面前顶撞他，说，青年团的国际代表不应当参与，他在这里是客人，不应当进行干扰。

蔡和森、毛泽东等人都觉得"老头子"过分了，发言批评这种做法。

陈独秀也感觉到自己近来脾气太大，内心也知道这和陈延年的被捕有关系。他缓和了口气，说："这个不包括在议事日程之内。"

会议于是重新转入今后打算这一议题。讨论工农武装出路时，陈独秀说，省党部应特别注意已经叛变革命或即将叛变革命的，"各军招兵问题，我们可以不客气地多将群众送给他们，国民革命军招兵时，农民协会会员和自卫武装可应征加入"。他的意思是通过合法的途径保存工农武装。

毛泽东不同意陈独秀的意见，说："工农武装改成挨户团合法保存，此项实难办到。应该上山，上山可造成军事势力的基础，不保存武力，则将来一到事变，我们即无办法……保存农民武装有三个办法：编成合法的挨户团，次之则上山，再次之则将枪支分散埋入土中。"这三个办法是上个月他在湖南提出来的。

蔡和森发言支持毛泽东的意见："农民自卫军上山更好些，同时我们要迅速发展乡村中党。"再问到陈独秀，陈独秀最终也同意"上山"。（参见唐宝林、林茂生：《陈独秀年谱》，上海人民出版社1988年版，第332页。）

## 9. 斯大林：延年是"天才的政治家"

1927年7月4日，即陈延年被捕后的第九天晚上，敌人将他秘密押赴龙华刑场。在高墙下，刽子手要陈延年跪下受刑，但陈延年宁死不屈。刽子手强迫陈延年跪下，就在松手抽刀的一瞬间，被五花大绑的陈延年突然蹦起，他不愿意跪着死。刽子手惊慌失措，一刀未砍着颈项，在陈延年痛苦地挣扎时，刽子手们一拥而上，一起将陈延年按倒，以乱刀将他砍死。共产党的一位优秀领导人就这样壮烈牺牲了。据南京1927年7月2日收到的杨虎、陈群给蒋介石的电报，延年在此前已被杀。此或许是障眼法，防止延年被救等。

陈延年壮烈牺牲后，蒋介石下令不准收尸。

陈延年至死也不知道吴稚晖在狱外出卖自己的细节。次日，上海《申报》刊出《铲除共党巨憝》，披露了吴稚晖给杨虎的信件。汪孟邹见报，如五雷轰顶，脸色煞白，瘫倒在椅子上。

胡允恭1949年后写文章说：解放前夕，我到亚东购买旧书，当面问过汪孟邹。他很不安地回答说："这件事不堪再谈了。总之，是我毕生难忘的罪过。"

胡允恭，寿县（今属安徽长丰）人。1923年由瞿秋白介绍加入中国共产党，曾在上海大学读书。1926年4月，胡被陈延年领导的中共两广区委军委调到国民革命军第四军十二师三十五团担任政治指导员。

陈延年

陈延年牺牲时，郑超麟正在武汉。他出席了中共五大和八七会议。陈延年牺牲后，敌人造谣说陈延年在监狱中曾写悔过书。郑超麟知道，这是敌人对烈士的侮辱，根本就没有那回事。

陈延年牺牲后，斯大林称赞陈延年是"天才的政治家"。董必武称赞陈延年是"党内不可多得的政治家"。

听到哥哥延年牺牲的消息，乔年悲痛万分，泪流如雨，几个晚上不能入睡。哥哥从小和自己一起长大，像大人一样呵护自己，从黄浦江到塞纳河，再到莫斯科，一起寻求革命真理，一起信仰无政府主义，一起转向共产主义。如今，哥哥为了理想，走在自己的前面了。

疾风怒号，江水滔天。陈乔年将仇恨集中到了蒋介石的身上，集中到了国民党反动派的身上。和他在一起工作的同志发现，陈延年牺牲后，陈乔年活泼的性格变了。许多时间，听不到他开玩笑的声音，他常常一个人默默地努力工作，不多和别人说话。

陈松年后来回忆：延年死后，父亲陈独秀很悲痛。有好几天终日沉默不语。高君曼怕他伤心，也不敢同他讲话，更不敢在他面前提延年的名字。

1927年7月19日，赵世炎从容就义。

为了营救陈延年和赵世炎，王若飞等采取了一系列的措施，筹凑了大笔款子，并准备拦截押送他们去南京的火车，甚至准备劫刑场，但敌人十分狡猾，迅速就地处决了这两位党的优秀干部。

被斯大林誉为天才政治家的陈延年和天才组织家的赵世炎牺牲后，1927年10月24日创刊的中共中央机关刊物《布尔塞维克》第一期扉页上，刊登了《哀悼赵世炎、陈延年及其他死于国民党刽子手的同志！》一文，文章指出："在赵世炎、陈延年二同志就义前后，有无数之革命的英雄领袖及中国共产党的忠实战士亦先后就义于江浙闽粤湘鄂川桂豫陕各省，其最著者如何今亮（即汪寿华）、张佐臣、宣中华、侯绍裘、谢文锦、佘立亚、李森、熊雄、梅中林等。""赵世炎、陈延年二同志之死，是中国革命最大的损失之一。中国无产阶级从此失去了二个勇敢而有力的领袖，中国共产党从此失去了二个忠实而努力的战士。"文章称赞陈延年是"粤港无产阶级有力的指导者"。

根据郑超麟回忆，中共中央悼念赵世炎和陈延年的文章，系郑超麟起草。

## 10. 陈独秀：我实在不能工作

1927年7月12日，鲍罗廷见大势已去，决定执行共产国际6月中下旬改组中共中央的命令。国际训令6月底就到了鲍罗廷手中，内容是批判机会主义错误，改组中共中央，调回被解除顾问合同的鲍罗廷。在这之前，罗易已被共产国际电令免去"代表"资格。鲍罗廷扣留了共产国际训令，没有马上执行。

6月底陈独秀已有预感，共产国际将撤销自己的总书记职务。每周两次的国共两党联席会议有时已不通知他参加。陈独秀6月中旬致电国际，解释暂时不能执行共产国际五月指示的原因，说："整个军队对农民运动的过火行动都抱有敌意……要建立我们自己的军事力量将很困难，甚至是不可能的……我们迫切的任务是纠正'过火'行为。"这份电报促使共产国际下决心调整陈独秀、鲍罗廷、罗易和维经斯基的职务。

鲍罗廷清楚，自己和陈独秀是一根绳子上的两个蚱蜢，陈独秀时代的结束，也就是他鲍罗廷时代的结束。他尽力拖，希望峰回路转、柳暗花明，拖了半个月，再也拖不下去了，国民党已公开准备叛变革命，汪精卫已通知谭平山、苏兆征退出国民政府。而且，接替他的共产国际代表罗明纳兹已在前往武汉的途中。

当天，鲍罗廷、张太雷和陈独秀谈话。张太雷传达了国际训令后，陈独秀一言不发。老鲍有些伤感，在中国很多问题上，他与这位前中共领导人是一致的。他建议陈独秀、谭平山去莫斯科，与共产国际讨论中国革命问题，同时建议瞿秋白和正在住院的蔡和森去海参崴办党校。让瞿秋白、蔡和森去海参崴办党校，有平衡陈独秀的意思。所以，新的中央政治局常委会没有瞿秋白、蔡和森，而是由张国焘、张太雷、李维汉、李立三、周恩来五人组成临时中央政治局。

和鲍罗廷谈话后，陈独秀给临时中央写了一短函，称"我实在不能工作"，提出辞去总书记职务，然后抽空收拾了自己的办公室。任弼时的兄妹任卓民及任秀兰，和陈独秀在一个办公室工作。陈独秀临走时，任氏兄妹将他送到门外。

陈独秀神情憔悴，出门后，戴上了压得低低的草帽，拿着一把大大的芭蕉扇，拖踏着一双黑平绒布鞋，步履蹒跚地走了。因为个子不高，走路有点外八字，从后面看，就有些摇摇摆摆，这是陈独秀特有的走路架势，类似鲁迅走路的样子。和陈独秀一起走的，有其专职秘书黄玠然。

陈独秀与秘书乘船到武昌，住到党的一个秘密据点——宏原纸行的

陈独秀肖像

楼上，这里归汪原放负责。汪原放做《民国日报》国际编辑后，陈乔年要汪原放兼顾党中央出版局的事。中央出版局当时下辖长江印刷厂、长江书店等。陈乔年说："这是你的老本行，你来做最适合。"汪原放也很乐意。为了解决印刷出版的用纸问题，汪原放和陈乔年商量，筹备开办了宏原纸行。纸行开张后，陈乔年和史静仪搬到纸行的楼上来住。陈乔年想不到，这里现在成了父亲隐蔽的地方。

中共五大后，陈乔年任中央组织部秘书，配合中央组织部长李维汉工作。李维汉处理长沙"马日事变"时，耽搁了很长时间，这期间由陈乔年代替李维汉做中央组织部长的工作。其时，陈独秀在党内已经失去威信，陈乔年在背后听到不少议论。他感到工作不方便，十分尴尬，请求辞职。6月14日，中央常委在决定由陈乔年仍暂代理的同时，再次催李维汉速来中央任职。

几天后，发生了七一五反革命政变，在汪精卫实行"宁可错杀一千，不可放过一人"的方针下，许多共产党员、工农群众人头落地，轰轰烈烈的大革命失败了。

极力主张共产党加入国民党的马林，1922年在莫斯科布哈林主持的会议上曾预测，共产党和国民党会在国民大会上分手，他不知道，分手还有另外一种方式。无数被杀的共产党员至死都不知道，是什么原因，导致了中国大革命的悲惨失败。

## 11. 八七会议

1927年8月7日上午，党中央在汉口三教街41号一位俄国侨民的寓所里举行紧急会议。罗明纳兹到汉口后，因为有斯大林和共产国际改组中共中央的指示，态度异常严厉，主张立即惩罚陈独秀、谭平山、李维汉，骂张国焘等不赞成土地革命，不配当中央领导人，并向张国焘、张太雷、李维汉声明："如果你们反对开中央改组会，我直接召集各地代表开会。"鲍罗廷这时已经离开中国，回苏联。联共（布）中央政治局7月21日决定：建议银行家立即动身回莫斯科。"银行家"是电报中鲍罗廷的代号。

会客厅的条凳上挤挤地坐着21人，他们是瞿秋白、李维汉、苏兆征、毛泽东、蔡和森、罗亦农、张太雷、王荷波、邓中夏、彭公达、任弼时、陈乔年等。新来的共产国际代表罗明纳兹出席会议，俄国人牛曼、洛蜀莫娃出席会议。邓小平作为中共中央秘书，列席会议。

这个名单是根据蔡和森的意见修改的。共产国际代表与常委商量决定的出席名单，除加苏兆征、罗亦农，其余都是旧人，而王荷波等是工人，毛泽东、彭公达等都不在出席之列。蔡和森提议："新中央只留秋白，毛泽东应加入，太雷应出外工作而不应留秘书厅。"

周恩来、李立三、恽代英率领南昌起义部队在临川休整，没有出席。已被解除总书记职务的陈独秀没有出席会

八七会议会址

议。有人想邀请陈独秀参加，因陈独秀仍是中央委员，人又在武昌，没有道理不来，但罗明纳兹反对。

会议议程包括批判陈独秀的错误、选举新的中央领导机构等。临时中央常委有三人不在场，只有李维汉、张太雷到会，会议便由李维汉主持（据郑超麟回忆，瞿秋白主持会议），他代表常委报告了会议酝酿经过和会议的议程。

大革命失败后，武汉处于白色恐怖状态，会议笼罩着紧张的气氛。李维汉根据共产国际代表的意见，说，今天的会议为紧急讨论会。此会虽无权改组中央，但有权选举临时中央局。

在新的共产国际代表罗明纳兹发言后，代表们休息半小时吃饭，然后又接着开会。

这时，毛泽东第一个发言，讲话时用了轻松的语言："国际代表（罗明纳兹）报告的全部是很重要的。国民党问题在吾党是很长久的问题，直到现在还未解决。首先是加入的问题，继又发生什么人加入，即产业工人不应加入的问题。实际上不仅产业工人，即农民都无决心令其加入。当时大家的根本观念都以为国民党是人家的，不知它是一架空房子等人去住。其后象新姑娘上花轿一样勉强挪到此空房子去了，但始终无当此房子主人的决心。我认为这是一大错误。其后有一部分人主张产业工人也加入，闻湖北亦有此决定，但仅是纸上空文，未能执行。过去群众中有偶然不听中央命令的抓住了国民党的下级党部，当了此房子的主人翁，但这是违反中央意思的。直到现在，才改变了策略，使工农群众进国民党去当主人。"

毛泽东又讲起农民问题，说："农民要革命，接近农民的党也要革命，但上层的党部则不同了。当我未到长沙之先，对党完全站在地主方面的决议无由反对，及到长沙后仍无法答复此问题，直到在湖南住了三十多天，才完全改变了我的态度。我曾将我的意见在湖南作了一个报告，同时向中央也作了一个报告（《湖南农民运动考察报告》），但此报告在湖南生了影响，对中央则毫无影响。广大的党内党外的群众要革命，党的指导却不革命，实在有点反革命的嫌疑。这个意见是农民指挥着我成立的。我素以为领袖同志的意见是对的，所以结果我未十分坚持我的意见。我的意见因他们说是不通于是也就没有成立，于是党的意见跟着许克祥走了。甚可怪的，唐（唐生智）军还仅承认只有八处军官家庭被毁，我党反似乎承认不知有多少军官家庭被毁。总之，过去群众对于党的领导的影响太少。"

接下来毛泽东开始谈武装斗争问题："从前我们骂中山专做军事运动，我们则恰恰相反，不做军事运动专做民众运动。蒋唐（指蒋介石、唐生智）都是拿枪杆子起的，我们独不管。现在虽已注意，但仍无坚决的概念。比如秋收暴动非军事不可，此次会议应重视此问题，新政治局的常委要更加坚强起来注意此问题。湖南这次失败，可说完全由于书生主观的错误，以后要非常注意军事。须知政权是由枪杆子中取得的。"

（《毛泽东著作选》上册，人民出版社1986年版，第24页。）

这是毛泽东第一次提出枪杆子里出政权的话题。

在毛泽东、蔡和森、李达、罗亦农发言后，任弼时发言。他说："国际对中央的批评，主要是中国共产党有机会主义的倾向。这完全是事实，其原因是……党无土地革命的决心，并造出一个理论说土地革命是很长很远的过程，不知这是目前的行动纲领。党不但无土地革命的决心并且还有与国民党组织土地委员会来解决土地问题的幻想。党无土地革命决心，未明白要土地革命才能引革命于新时期。"

谈到陈独秀的工作，任弼时说："老头子可去莫斯科。"任弼时认为，陈独秀离职后不宜留在国内，宁汉都在通缉他，但他又不能继续在党内任领导，因此到莫斯科去总结教训是最好的选择了。

陈乔年出席了会议，作为陈独秀的儿子，他感到高兴的是，同志们并未因自己和陈独秀是父子关系而回避自己。并且大家对父亲的批评很有分寸，没有难听的话。

44年后，1971年5月11日，周恩来谈到了八七会议的缺点："八七会议在党斗争上造成了不良倾向，没有让陈独秀参加，而把反对机会主义看成是对机会主义错误的负责者的人身攻击，所以发展到后来，各地反对机会主义都找一两个负责者当做机会主义，斗争一下，工作撤换一下，就认为机会主义没有了，万事大吉了，犯了惩办机会主义的错误。我认为这是主要缺点。"（《周恩来选集》上卷，人民出版社1980年版，第172页。）

## 12. 陈独秀去上海

"八七"会议后约一个星期，罗亦农向中央建议，安排陈乔年到湖北省委当组织部长。白天，陈乔年和汪原放常出门办事，隐蔽在宏原纸行楼上的陈独秀和身边的秘书黄玠然说说话。

1927年8月中旬的一天，瞿秋白、李维汉来到陈独秀隐蔽的纸行楼上，传达了八七会议情况，重点是劝陈独秀离开武汉，或去莫斯科，或去上海。陈独秀表示：大革命失败，国际有责任，不能全记在中央的账上。

因八七会议不让陈独秀参加，陈独秀闷闷不乐，在瞿秋白、李维汉离开后，发烧、头痛，食欲不振，话也一天比一天少了。秘书黄玠然不敢请医生，悄悄地上街抓了药。一次，见陈独秀唉声叹气，黄秘书忍不住问："为什么会失败？"陈独秀不作答。黄玠然知道老头子有脾气，不好再问。

陈乔年和妻子史静仪偶尔带了儿子小红五，到宏原纸行，给初做祖父的陈独秀带来一点快乐。红五5月出生，三个月了。

陈独秀考虑瞿秋白、李维汉的意见。武汉现在处于白色恐怖中，自己是一张熟脸，在这里是待不下去了。去莫斯科？陈独秀不愿意去，他认为到那里没有好结果。想来想去，只有去上海了。尽管那里是蒋介石的地盘，延年也牺牲在那里，但那里有租界，人口多，便于隐蔽。他对汪原放说：我在打算，要到上海去。可是对于那里的情形一点也不知道。我想，你跑一趟上海，问问孟邹，我可不可去。

不久，汪原放捎回汪孟邹的话，仲翁可以去上海。

1927年8月下旬的一天，黄玠然从汉口回到武昌，对陈独秀说："中央通知你明天随英国船去上海。"陈独秀一听，忙叫黄玠然再去通知汪原放。这时汪原放已根据陈独秀意见，准备将长江印刷厂两部对开印刷机拆下，装船运到上海。这些机器丢在武汉，也是废铁。运到上海，却是好东西。

陈乔年因革命工作需要，和妻子、孩子继续留在武汉，汪原放、黄玠然和陈独秀一起乘船回上海。

汪原放找来一顶风帽让陈独秀戴上。黄玠然对陈独秀说："你装成病人，躲在船舱里别出来，别的事我和原放来办。"

9月10日，阴历八月十五日，陈独秀、黄玠然、汪原放及亚东职员陈啸青四人上了英国"公和"号船去上海。陈乔年和史静仪夫妇将他们送上船。

船到九江，一轮圆月升过树梢，亮如白昼。半夜，乘船上人睡觉机会，黄玠然和汪原放叫陈独秀上甲板赏月。抬头看明月，低头思故乡。陈独秀的家乡安庆，第二天就要到了。自从1913年二次革命失败后，陈独秀再也没有回过家乡。嗣母谢氏1916年去上海，见过一面，但原配高氏已经十几年没有见了。虽然自上海到武汉，陈独秀曾路过安庆，但因为身不由己，他没有下船。何况，下去了，回家了，见了高氏，多尴尬啊！

汪原放见陈独秀沉默，问要不要下去看看。陈独秀知道，安庆很复杂，不能这样没头没脑地下去。

此时，陈独秀原配高氏和女儿筱秀、小儿子陈松年、嗣母谢氏，仍然住在安庆南水关老屋，妻子高君曼带着一儿一女，在南京艰难度日。他们还不知道，延年已经牺牲。面对一轮圆月和万里长江，陈独秀的心里如长江水，翻滚起伏。

到上海后，陈独秀临时住在酱园彭礼合家中。不久，搬到浙江北路一个小弄里。

## 13. 高氏、陈松年到武汉

1927年中秋节刚过，在安庆的陈松年收到了二哥乔年的信，信写得很简单，说他病得很厉害，叫母亲到武汉去找他，信中附有地址。高氏接信后决定带陈松年一起去武汉，两个儿子还是去法国那年见的面，她心里常忐忑不安。

振风塔下，一家人送高氏母子出门。祖母谢氏更是叮嘱再三，要松年一路照顾好母亲。当年陈松年十七八岁，和母亲一样，也是第一次到武汉。

到武昌后，陈松年和母亲住进一家旅馆，然后按乔年给的地址，写了一封信寄到武昌巡道岭，但是过了两三天仍未见回音。两人等不及了，决定按陈乔年给的地址去找。

到了巡道岭才知道，乔年已结婚，爱人叫史静仪，这个地方就是史静仪的娘家。高氏听说儿子已结婚，十分高兴，巴不得很快就能看到儿子和媳妇。

陈乔年和史静仪都不在家，史静仪家人开始不敢认高氏母子，因汪精卫已叛变革命，武汉白色恐怖，到处抓人杀人。后来，陈松年和高氏反复说，我们是乔年的弟弟和母亲。史静仪的家里人问了些陈乔年的情况，他们答得都像，史家人终于相信了。

当时，史静仪的弟弟带陈松年及其母亲到汉口俄租界一个德国人开的医院，见到了陈乔年和史静仪。

原来，陈乔年在父亲陈独秀和汪原放走后，生了一场大病，高烧不退，在郑超麟和罗亦农帮助下，陈乔年到了这家医院治疗，诊断结果是伤寒。妻子要带孩子，陈乔年想让母亲来照料自己。哥哥已不在世，多年过去了，母子未曾见面，乔年很想见见母亲。此外，自己的儿子已经出世，母亲还不知道，也应该让老人家享受见见孙子的快乐。

罗亦农是陈乔年在苏联时的同学，在罗亦农等人的帮助下，解决了陈乔年看病的钱。陈松年和母亲到武汉后，陈乔年情绪好转，很快就病愈出院了。

当天，史静仪带小叔子松年和婆婆到汉口宏原纸行楼上住。和婆婆聊天时，史静仪说，她和乔年是去年结婚的。史的父亲是湖北应城人，家里是做生意的。

听说丈夫陈独秀不久前也隐蔽在这里，高氏许久没有讲话。来武汉前，高氏和陈松年丝毫不知道陈延年已经牺牲。陈乔年出院后，知道瞒不住母亲，就将陈延年牺牲的事告诉了母亲和弟弟，母亲和弟弟痛哭了一场。

一天，郑超麟到陈乔年家里，看到乔年母亲高氏及其弟弟陈松年。他小声问陈乔年：你母亲知道延年的事吗？

史静仪

乔年说："已告诉了。"

遇到这种情况，郑超麟心里也不好受。看得出，高氏精神很不好，十分憔悴。乔年、松年等人的精神也不好。

这次武汉之行，对高氏和陈松年来说都是一场噩梦。唯一的安慰是，高氏看到了孙子红五。乔年出院后，将红五接到家里。孩子四个月了，长得很像父亲，白白净净的，很好看。高氏终于有了孙子了，十分喜欢，经常抱着孩子。孩子名叫红五，是因为孩子出生在5月，正是党的五大召开时期。

住了一段时间后，高氏和陈松年要回安庆。临走前，高氏向乔年和媳妇史静仪提出要把孙子红五带回老家抚养。乔年夫妇很忙，没有时间照顾好孩子。此外，她实在舍不得丢下小孙子。

史静仪因为孩子太小，舍不得丢开。乔年对母亲说，您养我们这么大，我们一点也没帮助您，怎能再给您添麻烦？况且，您现在还在做媳妇，带个孙子回去不要惹气吗？

离开武汉时，陈乔年将母亲和弟弟送上船。乔年没有想到，这是自己最后一次与母亲和弟弟见面。而留在家里的祖母和姐姐筱秀，充满着对未来好憧憬，却不知道永远不能和延年、乔年兄弟俩见面了。

## 14. 开除陈乔年中央委员风波

1927年9月底，临时中央政治局决定将中央机关迁至上海，同时决定成立中共中央长江局。10月2日，原中共湖北省委书记罗亦农任长江局书记，原中共湖北省委组织部长陈乔年接任中共湖北省委书记。

1927年10月20日，南京军事委员会下令讨伐唐生智，中国共产党发表了反对军阀战争的宣言。陈乔年等湖北省委决定利用军阀战争和唐生智的可能失败，发动暴动，打倒唐生智。月底，罗亦农到武汉后，与陈乔年等开会，提出：暴动准备不足，应该做好暴动的准备工作。陈乔年等接受了罗亦农的意见。

11月1日，在共青团长江局和湖北省委联席会议上，共青团长江局书记刘群昌认为，党应该领导暴动，建立苏维埃政权，而不管这个政权存在长久。罗亦农反驳说：暴动不是开玩笑，不能随便决定。

三天后，罗亦农和任旭（因乔年生病任中共湖北省委代理书记）到上海出席11月中央临时会议。在这次会议上，中央确立了实行工农武装暴动的总政策。就在此时，传来唐生智失败的消息，中央决定发动两湖暴动。同时，中央决定撤销长江局，改为巡视员制度，由罗亦农任中央两湖巡视员。

11月中旬，共青团长江局书记刘群昌和共青团湖北省委书记韩光汉到上海出席共青团中央扩大会议，联名状告罗亦农和陈乔年等犯了反对暴动的右倾机会主义错误。12月5日，瞿秋白等决定，停止罗亦农的职权，停止陈乔年等湖北省委的职权，派苏兆征、贺昌、郭亮组成中共中央湖北特别委员会去武汉处理相关事务。

12月9日，中央临时政治局常委苏兆征到武汉当天，即宣布停止罗亦农、陈乔年等职权，并要求罗亦农于12月13日乘船去上海。

罗亦农对特委说："特委要我离开，则是压迫，我要到中央控告。"

苏兆征说："要你去中央，特委负责的。控告系你自己负责的。"

罗亦农走后第二天，特委召开省委扩大会议，陈乔年、任旭、黄五一等出席。因为罗亦农不在，陈乔年成了会议的首要批判对象。他们出席会议，没有表决权。刘群昌因为是告状的人，被选为主席团成员。

会上大家围绕罗亦农、陈乔年等人的"错误"发言。

陈乔年平常穿衣服，喜欢穿西装，在会上也被批评。在这之前，林育英曾在会上说，负责同志腐败，穿买办的衣服，没有八七会议精神，被任旭制止。这次，林育英旧话重提，并上纲上线说：湖北省委压制同志讨论八七会议决议案。

反驳的同志说:"若说省委对'八七'不忠实,未免有点过火。""对于省委委员个人的衣服、房屋等的批评,我以为同志们太不对了。"因为租房屋,是为了地下工作需要啊!

刘群昌等人发言,批评罗亦农、陈乔年等反对发动暴动,甚至骂他们是"唐生智的走狗"。

陈乔年辩解说:"唐退却是一暴动之局面,但与马上夺取政权有很大之区别。我以为对于暴动应有一事先的胜利决心,否则,即是冒险主义。如果我们不顾环境,随便举行暴动,无疑是列宁所说的拿工农的鲜血来做儿戏。"

这次会议,尽管一些代表希望应互相亲爱,不应当互相争斗,还是作出决定,开除罗亦农和陈乔年的中央委员资格,开除任旭省委委员资格,给黄五一严重警告。但这个决定,要中央批准后才能生效。

罗亦农到上海后,向瞿秋白、李维汉、任弼时等申诉,并于21日提交了书面申诉。他认为,自己没有正确估量唐生智崩溃的时期,是个错误,但这绝不是机会主义。因为自己一直在注意布置湖北的工农武装暴动。谈到经济问题,罗亦农辩解说,自7月半到10月初,经济问题由秘书长马峻山负责,而且林育南任代理省委书记时曾查过。中央可以组织再查,如有贪污,甘愿被开除党籍。对于中央湖北特委不许他出席省委扩大会议,要他到上海的做法,罗亦农表示"极端反对"。

瞿秋白等在听了罗亦农的申诉后,觉得问题严重,已经影响了湖北的工作和党内团结,立即写信给苏兆征等,批评他们"大失中央近所提倡的讨论政策须民主化的精神",要他们立即回上海来解决问题,并同意罗亦农出席中央会议。

12月31日,陈乔年、任旭、黄五一联名向中央临时政治局提交了对苏兆征等湖北特委处理湖北问题的意见。1928年1月10日,又向中央提交了问题的总答辩。谈到经济问题和枪弹问题，陈乔年等说："好在这两件事都有人负专责。"此外，参加会议的黄赤光、关学参、张计储、刘镇一等十来人陆续给中央写信，批评中央湖北特委的工作方式方法。

## 15. 父子不欢而散

陈独秀到上海后，瞿秋白、李维汉去酱园弄彭礼和家去看他。瞿秋白和李维汉商量，陈独秀不去莫斯科，要慢慢来，目前请他给新办的《布尔塞维克》刊物写文章是一个好办法。白色恐怖下，急需制造革命舆论。陈独秀正寂寞得慌，满口答应了。

当时陈独秀隐蔽在家，无事就翻看当天的报纸，一边消闲，一边找些写文章的话引子。发表时，陈独秀取了一个笔名"撒翁"，含有撤职后，撒手不干的意思。

一天，中央派人找陈独秀谈话，劝陈独秀和谭平山去苏联，参加讨论中国革命问题。陈独秀问来人："这是你们的意见，还是国际的意见？"

"是根据国际指示。"

陈独秀在写作

"中国人的问题是中国人了解，我是中国人，我要研究中国的问题，为什么不能在中国研究而要到莫斯科去研究？这是排挤我这个老头子，党要牺牲我们两个人，一个是我陈独秀，一个是谭平山，因为我们两人年龄大些。"

陈独秀不去莫斯科，态度很硬，中央很头疼。李立三请黄玠然与陈独秀多谈谈。

黄玠然问陈独秀："你为什么不去？到苏联研究中国问题比在上海好。"

陈独秀敷衍说："有什么研究哇？又没有中国的材料。"

第二天，黄玠然把陈独秀的话告诉了中央，瞿秋白回答："你告诉他，他要研究什么，我们给他送材料，要什么书，我们帮他送什么书。"

黄玠然把中央的话转告陈独秀，陈仍然不同意，说："这样费事，不如在中国研究。"黄玠然生气了。在台上是家长制，现在下台了，还自以为是，于是冒出一句："一个党员要不要服从党？"

陈独秀听了，很不高兴。从前自己的一个秘书，现在居然唱起高调来了。见陈独秀半天没有吭声，黄玠然知道他生气了，自己也窝了一肚子气。既然没有办法再谈下去，只好不谈。

陈延年、赵世炎牺牲后，王若飞代理了一个月的中共江苏省委书记，中共中央于1927年8月任命邓中夏为书记，常委是：邓中夏、王若飞、刘伯坚、少峰、郑覆他、项英、袁达时、陈乔年、李富春、徐炳根。陈乔年1928年年初才到任，陈乔年来时，刘伯坚、少峰、袁达时已经不在任。

1928年1月1日，中央发出《告湖北同志书》，批评刘群昌、韩光汉主张在武汉暴动的意见是错误的，是"玩弄暴动"，肯定罗亦农等停止暴动是正确的指导。1月8日，中共中央恢复了罗亦农、陈乔年等的工作。罗亦农在中央工委工作，李维汉去武汉任中央巡视员，陈乔年任中共江苏省委组织部长。

陈乔年任中共江苏省委组织部长后，与爱人史静仪住在罗亦农家里。

一天，陈乔年、史静仪夫妇来看父亲陈独秀。

哥哥牺牲了，乔年感到应该常来看看职务被解除的父亲。但他不喜欢父亲在《布尔塞维克》上连篇累牍写杂文。从《布尔塞维克》创刊到1928年2月27日第19期停刊，陈独秀在《布尔塞维克·寸铁》上发了140多篇杂文。因为写得太多，陈乔年已听到一些讥笑了。

陈独秀见儿子和媳妇来了，很高兴，但一谈到大革命失败原因，父子俩话不投机。乔年参加了八七会议，说，失败你是有责任的，你对汪精卫过于相信。

陈独秀压了一肚子的气，平常没有人发火，和秘书不好发火，也不好抱怨共产国际新来的代表对自己的态度。这会儿乔年拿别人的话当面指责自己，陈独秀的火暴脾气一下子就发作了，抬高声音说：我有什么责任，国际代表天天坐在那儿指挥，什么事不要经过他？

史静仪见老头子动了气，忙向乔年使眼色，劝乔年不谈这个话题。

陈乔年夫妇和陈独秀谈话时，黄玠然不在场，因为是家里人见面啊！后来听到他们父子俩吵了起来，黄玠然就出来劝解。

陈乔年因为刚受打击，心情也不好。而且，受打击的根源，多少和父亲也有千丝万缕的联系。共产国际驻华代表米特凯维奇在1927年年底给共产国际执委会的信中就认为，目前党内所以处理罗亦农，撤销他的职权，包含着"给原领导人的机会主义的一个打击"的成分。因为，罗亦农曾经一直支持陈独秀工作。

这次见面，父子俩不欢而散。

本来陈独秀是准备留乔年夫妇在这里吃饭的，但乔年气得连饭也不肯吃就走了。

乔年走后，陈独秀也感觉不舒服，毕竟儿子是来看自己的啊！而且，他的话不是他个人的话，代表了党内许多同志的意见。但他嘴上不服软，对黄玠然说："你看儿子教训老子来了！"

## 16. 陈乔年不想见胡适

陈乔年和陈独秀争论了几句，陈独秀心情苦闷。见陈独秀愁眉不展，黄玠然又提到去莫斯科的事，因为是中央交给的任务，没法不提。陈独秀怀疑有人指使黄玠然，对黄玠然的问话不理不睬，或者硬邦邦一句顶回去。

黄玠然心想，我们两个人一天到晚在一起，既没有其他工作好做，又没有其他问题研究，你这么严肃干什么。黄玠然不想干了，他对陈独秀说，我还是做点工作。不久，黄玠然调到党报，和郑超麟一起编辑《布尔塞维克》。

一天下午，汪原放得了伤寒，躺在床上，陈乔年来了。他一口气上了楼，便进了汪原放的房间，笑着说："怎么？病倒了。身体不太行呵。"陈乔年虽然遭到哥哥牺牲和大革命失败的打击，但仍然保持革命的乐观主义。他和汪原放关系密切，汪原放因为陈乔年加入共产党，也因为陈乔年去武汉工作，担任中共中央出版局局长。

汪原放告诉他生病的经过，很想起来。陈乔年忙示意他不要起来，说："不要动，依黄先生（黄钟医师）不错。"陈乔年便坐在汪原放的床沿上和他说话。

正谈着，门口有汽车声。汽车随即停了下来，听到打门的声音。陈乔年很警觉，问是谁。汪原放说：是胡适先生！

原来，胡适自日本回国后，因为张作霖杀人，不敢去北方，在南方停了下来，任中国公学的校长。胡适听说汪原放病了多日，顺路来看看他。

陈乔年听见下面说是"适之先生来了"，立即站了起来，对汪原放说："我去了，再来看你。"

汪原放突然想到陈延年牺牲的事！当时叔叔把陈延年的信交给了胡适先生，想请他帮忙，不料胡适找不到合适的人，便找了与陈独秀也很熟悉的吴稚晖。吴稚晖是国民党右派，恨陈延年入骨，将陈延年的信交给杨虎，不仅没有帮忙，反而落井下石，致使陈延年身份早日暴露，加速了其死亡。

显然，陈乔年没有怪叔叔汪孟邹，否则，他就不会到亚东图书馆来了。叔叔毕竟是好意，心急乱投医。但胡适为什么把信交给靠不住的吴稚晖呢？

这会儿，陈乔年知道，直接下楼会碰见胡适，嘴里说着"不好"，立即跟着汪原放的大哥汪乃刚进了客堂楼，又进了汪乃刚的南面厢房。汪乃刚也知道，陈乔年不想见胡适，与哥哥延年被害，胡适帮倒忙有关。自从陈延年牺牲后，叔叔汪孟邹也非常沮丧，认为这是他平生做的一件最窝囊的事！

这时，胡适已经上楼，进了汪原放母亲的房间（汪原放的厢房的后面），又进了汪原放的房间了。

胡适坐的时间不长，他顺路看看病中的汪原放，回去忙写作的事去了。胡适离开后，汪原放问大哥：乔年呢？

汪乃刚说："他在我那边坐了一坐，听见适之哥进了你的房间说话，他便打房间后面转到楼梯头，下了楼，从后门走了。"

汪原放说："他不比仲翁。他和适之哥又不认得。他不要见面，只好听他。"（汪原放：《亚东图书馆与陈独秀》，学林出版社2006年版，第137页。）

陈乔年不想见胡适，除了哥哥的死，还因为革命纪律的需要。胡适毕竟是一个资产阶级知识分子，在大革命失败乱纷纷时期，自己作为中共江苏省委组织部长，不能随意地和胡适聊天。

对于陈延年的死，胡适内心也很纠结，毕竟是老朋友陈独秀的儿子，又涉及老朋友汪孟邹的面子，传出去，自己也说不清楚啊！

## 17. 陈乔年被捕

1928年2月，中共江苏省委由项英任书记，主席团成员是项英、王若飞、陈乔年和李富春。这年6月，项英、王若飞出席中共六大后，李富春任中共江苏省委代理书记。

2月16日，正月二十五日，星期四，中共江苏省委在陈乔年的主持下，在英租界北成都路刺绣女校秘密召开各区委组织部长会议。与此同时，上海总工会也在酱园路召开各区特派员及产业总工会主任联席会议。

早在1927年6月中共江苏省委成立后，原属中共上海区委领导的上海市区的八个部委即隶属中共江苏省委领导。同年8月，中共江苏省委将原来的八个部委改建为六个区委，将原来的吴淞党组织取消，附属闸北区委。11月，中共江苏省委又将吴淞地区的党组织从闸北区委划出，成立中共吴淞区委，上海市区的区委增至七个。这样，到陈乔年任中共江苏省委组织部长时，下辖上海市区的党组织七个：中共沪东区委、中共沪西区委、中共法南区委、中共闸北区委、中共浦东区委、中共沪中区委、中共吴淞区委。此外，中共江苏省委还下辖上海郊县的党组织——八个县的中共县委员会。

这些区委都是在陈乔年到江苏省委来之前就成立的，许多负责同志和哥哥陈延年一起工作过。陈乔年和他们一起工作，十分愉快。

就在这天，由于叛徒唐瑞林告密，英租界新闸巡捕房警察突然同时包围了刺绣女校和酱园路两个会场。巡警冲入会场时，陈乔年正在刺绣女校会上讲话，手里拿着一本杂志，杂志里夹着党的文件。陈乔年等江苏省委机关有关负责同志以及出席会议的各区委组织部负责人，不幸落网。巡警将陈乔年等人拘押到英租界新闸巡捕房拘留所。

这是上海帝国主义和国民党反动派联合对付共产党的一次行动，租界对共产党来说，已经不是"安全岛"。

2月18日，陈乔年在被捕的第二天，就被引渡到上海龙华国民党淞沪警备司令部看守所。起初，陈乔年化名王某，敌人并不知道他的真实身份，因他来沪不久，叛徒唐瑞林不认识他。敌人用了种种手段，想探明他的真实姓名和身份，都未得逞。

和陈乔年一同被关押在龙华国民党淞沪警备司令部看守所天字一号的有桂家鸿等同志，此外还有一个未见过的"政治犯"。陈乔年是组织部长出身，长期在北方从事地下工作，所以对陌生人很警惕。他和桂家鸿等人感觉奇怪，怎么关了一个陌生人和他们在一起？

"我叫唐瑞林，是政治犯。"这个人见大家不理睬他，显得很主动，移到陈乔年身边，自我介绍道。

"我姓王。"陈乔年应付了一声。

"你是不是安徽怀宁人？口音很像哩！"唐瑞林问。显然，这个"政治犯"对陈乔年的一举一动都感兴趣。

陈乔年本来很警惕，现在更觉得蹊跷了。自己是哪里人，一般人很难一口说得准确，因为自己到上海早，加上到法国读书，到北京工作，口音已经不是纯正的家乡话了。如果别人知道自己是安庆怀宁人，就很容易知道自己就是陈乔年。

陈乔年机智地回答："我是中国人嘛！"

2月20日左右，从女监传过来一张字条，说在天字一号的唐瑞林可能是出卖我们的叛徒，要陈乔年等人注意。

由于唐瑞林的叛变，中共江苏省委下辖的很多机关遭到破坏，不少同志被捕。唐瑞林虽然不认识陈乔年等人，但他打听到了这次会议非常重要，有许多组织干部出席会议。为了弄清楚每一个被捕人的真实姓名和身份，敌人便利用唐瑞林搞苦肉计，也把他作为"政治犯"和陈乔年等关在一起，以便搞清各个人的真实身份。

怀疑唐瑞林是叛徒后，大家对他十分冷淡，眼里流露出来的都是鄙视的眼光。由于陈乔年等人的机警，这个"政治犯"一无所获。2月下旬，这个"政治犯"觉得无趣，也担心自己暴露后的危险，在一次"提审"之后，就再也没有回来。

狱外的党组织在周恩来、陈赓等领导下，也查明唐瑞林是出卖陈乔年等人的叛徒。

陈乔年等同志被捕后，为了惩罚叛徒，中央决定成立情报组织。一天，中央政治局常委周恩来约见在上海养伤的陈赓，告诉他，党准备请他负责成立特科情报组织。陈赓参加了八一南昌起义，在撤往赣南会昌时左腿负伤，1927年10月间，陈赓由香港转到上海爱多利亚路牛惠霖骨科医院治疗腿伤。伤稍好后，陈赓同妻子王根英在法租界霞飞路的一条石库门弄堂里租了一间房住下，继续养伤。

听说中央要建立自己的特科情报组织，陈赓顿感身上的担子沉重。由于叛徒告密，江苏省委和上海总工会机关的负责同志共11人被捕，至今，叛徒尚未查实。周恩来对陈赓神情严峻地说："你的第一件任务，就是尽快在敌人内部建立起我们自己的反间谍内线，刺探敌情，营救入狱的同志。"

陈乔年被捕当天，亚东图书馆汪孟邹就得到了这个坏消息，跑来告诉侄子汪原放："不好！不好！乔年被捕了！"汪原放听了，大吃一惊，忙问："啊？这怎么办啦？"

但对乔年被捕的具体情况，汪孟邹也不清楚。

过了几天，彭礼和到亚东书店来，汪原放才知道乔年被捕的经过。汪孟邹和汪原放听了，都非常难过。汪孟邹说："这回，仲翁最不好过了。"

汪孟邹有一段时间没有去看陈独秀了。他胆子小，蒋介石发动四一二反革命政变，杀了那么多共产党人。他现在害怕提共产党，到处是暗探，只要和共产党有联系，很容易被套上红帽子，立即枪毙。汪原放和陈独秀回到上海后，汪孟邹把侄子狠狠教训了一顿，并明确对陈独秀说："你以后少来亚东图书馆了。"陈独秀和汪孟邹有二十多年的交情，他知道汪孟邹胆子小，并无恶意，点点头。

陈乔年被捕后，近五十岁的陈独秀几天没有说话。他无心再写"寸铁"，桌上《中国拼音文字草案》书稿编写也停了下来。许多时间，他躺在床上发呆。上一次，陈乔年来看自己，两人还闹了不愉快。

## 18. 陈乔年身份暴露

陈乔年被捕后，汪孟邹在家里急得团团转，他知道，仲翁现在日子更不好过。偶尔，他去陈独秀隐蔽的地方坐一下，和他说说话。他没有办法去救乔年，他实在无能为力了。这一次，他甚至不敢在胡适面前提陈乔年被逮捕的事。

陈独秀一下苍老了！和乔年的最后一次见面，令为人之父的陈独秀后半生都很懊悔，乔年命在旦夕，真是白发人要送黑发人啊！乔年长得英俊，年纪又轻，就要被敌人杀害了！

陈乔年被捕后，敌人不知道他的真实身份，狱外的党组织在多方营救。与乔年同时被捕的许白昊等在监狱中商量，准备利用敌人不认识乔年，让一起被捕的周之楚同志顶替乔年的身份和职务，以瞒过敌人。周之楚知道，这意味着自己将被处死，但他同意这样做，以自己的牺牲来保护乔年。多年以来，周之楚对曾留学海外的党的重要组织活动家陈乔年十分敬仰，他相信，乔年活着，会比自己对革命事业更有意义。

周之楚父亲是华侨大商人，他在国外得知儿子被捕后，赶到上海营救儿子。他不知道儿子已经准备牺牲自己，来换取陈乔年的生命。其父亲的突然出现，使龙华监狱的敌人很快弄清了周之楚的真实姓名和身份，陈乔年的身份也因此暴露。

敌人知道陈乔年的真实身份后，知道这是此次抓捕的中共干部中一条最大的鱼。为了得到上海地下党和中共中央更多的机密，敌人对陈乔年使用种种酷刑，但陈乔年始终咬紧牙关，坚贞不屈。去年，他在哥哥牺牲后，曾患伤寒，身体虚弱。在监狱里的几个月，陈乔年身体一天天虚弱化了。但他的乐观的性情没有变，并继续鼓舞同志们和敌人作斗争。

一次，陈乔年又被带出去审讯，遭到敌人严刑毒打。回到牢房时，桂家鸿见陈乔年浑身都有血迹，关心地说："敌人又打你了？"

陈乔年说："没什么，挨几下火腿，受几下鞭子，算个啥！"

监狱里的气氛十分沉闷，陈乔年大无畏的乐观的革命精神，大大地鼓舞了其他同志。自哥哥陈延年牺牲后，陈乔年已将自己的生死置之度外。他想，无非和哥哥、赵世炎、李大钊等同志一样，一个"死"而已。在这个世界上，既然死也不怕，还有什么能难倒自己呢？他放心不下的是妻子和孩子，他们跟自己遭罪了。

夏天，中央派人通知陈独秀，请他参加6月在莫斯科召开的中共六大。陈独秀仍然享受中央政治局的待遇，经斯大林同意，被直接点名出席大会。享受这种待遇的人并不多，只有蔡和森、罗章龙、张国焘、邓中夏等人，但他拒绝出席。

瞿秋白4月30日离沪，半个月后到达莫斯科，住郊区兹维尼果罗德镇附近的一座乡间别墅，一个月后，瞿秋白出席了中共中央在这里举行的六大。

参加会议的有瞿秋白、周恩来、蔡和森、李立三、王若飞、项英、关向应、向忠发、邓中夏、苏兆征、张国焘等人。

在沪中共临时中央政治局扩大会议上当选为中央政治局常务委员、中央组织局主任兼组织部长的罗亦农，没有出席这次会议。他于4月15日在上海遭英巡捕逮捕，并被引渡到淞沪警备司令部。4月21日，罗亦农英勇就义于上海龙华。

在中共六大上，王若飞问瞿秋白："陈独秀为什么没有来参加？"

瞿秋白解释说，"我们和国际一直劝陈独秀来莫斯科，罗明纳兹也是这个意见，但陈始终不肯"。

对于陈独秀未出席中共六大，多数代表没有异议。但王若飞非常关心，不仅是因为他作为中央秘书长，认为陈独秀不应该承担大革命失败的全部责任，而且，他与已经牺牲的陈延年、已经被捕的陈乔年是留学国外的好朋友。他发言时，明确反对把错误推在陈独秀一人身上的做法，认为应该由党中央集体负责，并提名陈独秀为中央委员。

由于布哈林等人实际上掌控了中共六大，根据共产国际的意见，陈独秀在中共六大上没有被选上中央委员和候补中央委员，"六大"后也没有再给他分配工作，仅保留了党籍。

## 19. 血染枫林桥

1928年6月6日，农历四月十九，星期三，上海的一个普通的晴天。这天，是陈乔年在枫林桥遇害的日子。烈士牺牲时，年仅26岁。烈士牺牲的地点"枫林桥"的"桥"与"乔"谐音，这似乎包含了某种谶言的因素。

陈乔年知道，妻子史静仪已经怀孕在身，自己的被捕，给了她多么大的打击啊！但此时，纵然有万般挂念，除了徒增妻子的痛苦外，已不能给他们以任何帮助。他知道，自己的孩子，无论是才一岁多的红五，还是未降生的新生命，等待他们的或许是一个可怜、凄惨的人生……自从离开无政府主义，转向马克思主义，走上了革命的道路后，特别是哥哥牺牲后，乔年已经做了最坏的准备。

敌人看不能从陈乔年的嘴里掏出党内机密，又担心夜长梦多，因为上海共产党正在设法营救陈乔年等人，决定立即杀害陈乔年、郑覆他、许白昊三人。

郑覆他，原名郑福泰，浙江诸暨人。五四运动后，在诸暨、杭州当排字工人。1923年冬加入中国共产党。1924年进上海《商报》馆工作，并在上海书店兼职，协助发行《向导》《中国青年》等革命书刊。1925年2月，上海印刷工人联合会成立，任副委员长。1927年8月，任中共江苏省委临时常委、职工运动委员会主任、上海总工会委员长等职。1928年2月被国民党逮捕。

许白昊（1899-1928），湖北应城人。早年就读于武昌私立工业学校机械科，后去上海机械厂当工人。考入浙江省立工业学校学习。是中国共产党第二次全国代表大会代表，担任中国劳动组合书记部长江分部领导、湖北省工团联合会委员长，并任中共武汉区执行委员会委员。1927年出席中共五大，被选为中共中央监察委员会委员和中央工人运动委员会委员。大革命失败后，担任中共上海总工会党团书记兼总工会组织部长。1928年2月任中共江苏省委委员，同月17日因叛徒告密被捕。

敌人将他们三人押走时，陈乔年平静地和难友告别，对桂家鸿等人说："让我们的子孙后代享受前人披荆斩棘的幸福吧！"

陈乔年现在唯一的希望是，包括自己孩子在内的下一辈能过上好日子。

桂家鸿心情沉重，问陈乔年："你对党、对家庭有何遗言？"

陈乔年回答："对家庭毫无牵挂，对党的尽力营救表示衷心感谢！"

陈乔年被捕后，中共江苏省委曾想办法营救。巡捕房开始把陈乔年关在铁甲车上，就是怕共产党去抢。此外，亚东图书馆汪孟邹也托同乡想办法营救乔年，王若飞在去莫斯科出席中共六大前，想办法弄了不少钱，买通了警备司令部办案人，但仍然救不了乔年。

在刑场上，陈乔年高呼"打倒蒋介石反动派""中国共产党万岁"等口号，被敌人用卡宾枪扫射，胸口中弹，如蜂窝状。陈乔年壮烈牺牲后，《布尔塞维克》杂志发表了文章，沉痛悼念陈乔年烈士。

陈乔年牺牲后，儿子红五不幸夭折。战争年代，烈士的遗腹女和母亲失去联系。1969年史静仪去世前，曾嘱家人函告其妹和妹婿杨纤如帮助寻找。至今，烈士的遗腹女的下落仍然是一个谜。烈士的遗孤，是否享受到了陈乔年的遗言所说的"享受前人披荆斩棘的幸福"？至今仍然是一个问号。

陈乔年

陈乔年的姐姐筱秀当时在安庆一所学校工作，听说弟弟乔年被捕遇害后，号啕痛哭，从安庆赶到上海为弟弟料理后事。1927年6月26日，29岁的哥哥延年在龙华被刀斩，弟兄俩牺牲时间相差不到一年。哥哥和弟弟在一年里相继牺牲的惨状，给筱秀刺激过度，不久她也在上海一家医院病逝，年仅28岁。

筱秀住院期间，陈独秀因在通缉之中，不能照料。女儿的住院和后事，均由汪孟邹、汪原放帮助料理。

## 20. 蔡和森：不是秋白同志和独秀同志个人的责任

两个儿子的接连牺牲，加上女儿筱秀、孙儿红五突然去世，陈独秀的痛苦如雪上加霜，其心情黑暗到极点。"二次革命"失败后，陈独秀在上海过着清贫的生活，那时，饥寒交迫，受的是形体之苦。而现在，除了生活没有着落，还有亲生儿女突然死去的精神痛苦。众离妻弃、家破人亡，人间最大的悲怆，陈独秀一个人都遇上了。加上中共六大，陈独秀没有进入中央委员会，接二连三的重击，这段时间，他的心脏病、胃病、高血压发作，夜不能寐，人一下子苍老了。

1928年6月即乔年牺牲当月，中共六大在莫斯科郊区兹维尼果罗德镇附近一栋乡间别墅举行。这是中国共产党唯一一次在国外举行的全会。

共产国际驻地：莫斯科高尔基大街

6月21日，一些大会代表问陈独秀为什么没有来，在周恩来解释他生病请假后，王若飞忍不住补充了几句。他说："现在说到过去失败的责任问题，整个的指导机关都应负责……不过独秀同志为总书记，当然他的责任要负得多一点。同时还要注意的，即历来派到中国的共产国际代表之幼稚与糊涂，中国同志是最迷信国际指导的，过去所以不能忠实执行国际的策略，由于国际代表之错误解释与错误应用有严重关系。"

王若飞身材魁伟，1926年冬任中共中央秘书长，在大革命最后阶段，与陈独秀共事。他谈到大革命失败的原因时，直接指出与共产国际代表有关。这个观点和斯大林的观点截然相反，而与新反对派的观点巧合。

中共六大结束后，当选为新的中央政治局委员的瞿秋白任中国共产党驻共产国际代表团团长，留在莫斯科工作。和瞿秋白一起留苏的有张国焘、邓中夏、余飞、王若飞。

瞿秋白后来在文章里谈到中共六大总结陈独秀的错误问题时说："是否责任由他一个人负呢？大家说不应该，又说他应多负一点。他的思想是有系统的，带有脱离马克思列宁主义的观点，在政治意义上说，是他要负责的……但当时的中央政治局是和他共同负责的……在政治上机会主义应由政治局负责。""大家说不应该"，表明王若飞的观点得到了不少同志的赞同。

赞成王若飞观点的人中，有蔡和森。蔡和森后来写道，党的第五次代表大会后的机会主义，"不是秋白同志和独秀同志个人的责任"。

毛泽东没有参加这次会议，他此时正和朱德、陈毅在井冈山创立根据地。他后来说，大革命失败，陈独秀应负最大的责任，"陈独秀实在害怕工人，特别害怕武装起来的农民。武装起来的现实终于摆在他面前的时候，他完全失掉了他的理智。他不能再看清当时的形势。他的小资产阶级的本性使他陷于惊惶和失败"。毛泽东不主张把账全算在陈独秀一个人头上，因为，大革命失败应负责任的还有共产国际。他说："仅次于陈独秀，对于失败应负最大的责任的是俄国首席政治顾问鲍罗廷。"（［美］埃德加·斯诺：《西行漫记》，东方出版社2005年版，第155页。）

但陈独秀认为，大革命失败，共产国际首先应当负主要责任，自己是按共产国际意见办事。

# 第八章　身处艰难（1928—1942）

## 1. 高君曼：为延年兄弟家中设位

1928年11月初，斯大林和瞿秋白、张国焘谈话，问："陈独秀是否能找到必需的钱和获得其他的条件来办一张报纸？"斯大林担心陈独秀办报纸反对苏联和共产国际。张国焘说："陈独秀办不起一张有力量的报。"

这个时候，陈独秀还没有见到托洛茨基反对斯大林的讲话，不了解发生在苏联高层的你死我活的斗争，并没有想通过办报来反对斯大林和共产国际。

11月，中共广东区委第二次扩大会议发出了《纪念死难诸先烈》通告，将陈延年列在第一位。通告说，陈延年等烈士"为了中国无产阶级与贫苦工农的解放流血，我们要踏着他们的血迹前进，以完成他们未了的志愿"。

一日，潘赞化到陈独秀家串门，正逢高君曼在家大哭，面前有两垛正在燃烧的表纸。潘赞化不知道为谁烧纸，高君曼抽泣地说，"为延年兄弟家中设位，烧纸招魂啦。"

高君曼在北京时期和陈独秀闹了矛盾，两人吵嘴时互相大骂。后来，搬家到上海，两人矛盾加深了。陈独秀因为国共合作的矛盾，加上身体不好，情绪很差，经常与高君曼拌嘴。高君曼身体不好，经济困难，忍受不了陈独秀，一度带孩子去了南京。陈独秀从武汉到上海后，精神孤寂，思前想后，带信给高君曼，叫她带孩子到上海来住一阵子，和自己说说话。但两人的感情已有很深的裂痕，不能愈合了。中共六大后，陈独秀没有生活来源，脾气好些，但一家人生活困难，过着饱一顿饿一顿的日子。而且，陈独秀还在通缉之中。街上一有警笛声响，他就胆战心惊。

陈独秀见潘赞化来，忙让座。他望着高君曼的背影，摇摇头说："迂腐"。

潘赞化不赞同，说："人应有情，是该如此。"陈独秀见潘赞化这样说，也不再说什么。这个时候，与共产党人打交道，都要戴"红帽子"，都会被杀头。潘赞化这个时候敢来看自己，已经很不容易了。

这时，陈独秀每日编写《中国拼音文字草案》以打发时间。中共六大落选后，陈独秀心情更加苦闷。作为共产党的创始人，自己正成为共产国际打击的对象。与此同时，自己正遭到国民党的通缉，后者要从肉体上消灭自己。自己这一生奋斗，没有想到是这样一个结局。

有几次，陈独秀在问自己，如果一直在北大做个教授，一直研究文字学，不也很好吗？但他知道，如果自己不组织共产党，延年和乔年也会走上革命道路的。他们两人是在完全不受自己的影响下，在法国走上革命道路的。延年、乔年牺牲了，他们是中国无数革命烈士中的两人，并不因为他们的父亲是陈独秀，而影响他们所走的道路。这么一想，陈独秀负疚的心灵，多少得到一点安慰。

平常，陈独秀不轻易在人前流露悲哀，靠中央每个月补助他30元生活费过日子。他捡起十几年前的文字学研究，做起了学问。但他的政治冲动和不服气，决定了他无法过一种不问政治、只问生计的"平民"生活。不久，在中东路问题和组织托派问题上，陈独秀因为反对斯大林、共产国际和中共中央的政策，于1929年12月被开除党籍，并被停发每月30元的生活费。此后，陈独秀没有了生活来源，过上了远不如"二次革命"失败后的穷日子。

偶尔，汪孟邹和汪原放送他一两元。靠着朋友的帮助，每天陈独秀靠一个面包或一个大饼充饥，维持生活。然后，与郑超麟等一起被开除党籍的人聊天，打发时间。在他艰难地吃大饼的时候，陈延年和陈乔年当年在上海每天靠一块大饼过日子的往事，常常萦绕在他的脑际。可怜的孩子，他们已长眠地下，现在连这样的日子也没有了。

### 2. 高氏、高君曼相继去世

1930年下半年，由于托派被破获，陈独秀为躲避国民党的抓捕，从提篮桥一带搬到熙华德路一幢石库门房子住。

初秋，小儿子陈松年到上海找到了父亲。

陈独秀见松年衣袖上套着黑纱，知道不妙，原来是松年母亲去世了。高氏自陈独秀1910年和其妹妹离家出走后，过了20年的独身生活，终经不住两儿一女惨死的打击，于1930年9月19日（旧历七月二十七日）酉时去世，葬于十里铺叶家冲。

高氏去世后，妹妹高君曼回安庆为姐姐送葬。高君曼回来后，外甥（陈独秀姐姐的孩子）见到她，不叫舅母，叫小姨。高君曼不高兴，发牢骚说："叫我小姨当然也可以，可他们对舅舅陈独秀又该怎么称呼呢？难道也叫他姨父吗？"但这话，陈松年不好和父亲说。

这也是陈松年和高君曼以及同父异母的弟弟、妹妹的最后一次见面。姨妈带着子美、哲民到安庆奔丧期间，陈松年和他们经常说说话。高君曼离开后，陈松年和他们再也没有联系过。

谈到结发妻子的死，陈独秀耷下眼皮的眼睛有些湿润，他拿出手帕揩了一下眼泪，说：我不能回去，你回去和奶奶说一声，现在到处在悬赏捉拿我。

松年奶奶是陈独秀嗣母谢氏。妻子毕竟和自己没有享过一天福，自己这一辈子，别人欠了自己许多，自己也欠了别人的，首先就是结发妻子的，然后就是死去了的两个儿子的。

陈松年点点头。他看了看父亲憔悴的面孔和空荡荡的房间，知道父亲穷得叮当响。

临走时，汪孟邹凑了点钱，让陈松年带回去。

分手时，陈松年关照父亲注意身体。陈独秀发现，延年、乔年、筱秀及其母亲相继去世后，20岁的松年成熟了，知道关心孤苦伶仃的父亲了。

陈独秀又看了一眼松年手袖上套的黑纱，点点头。高氏和自己生了三男一女，只剩下了此男儿。由于亲人接二连三死去，老实本分的陈松年变得很憔悴，和他的年龄相比，老了许多。

1931年，高君曼因为子宫癌去世。高君曼去世前，曾对生母亓氏说："子美将来找女婿的话，一定不要再找搞政治的，太不安定，叫人实在受不了。找一个经商、做生意的人就行了。"这时女儿子美也20岁了。可惜，高君曼没有看到自己女儿出嫁。

因为当年一时冲动，高君曼与姐夫陈独秀私奔杭州，过起了夫妻生活。经过二十多年的婚姻生活，她终于体会到，对于一个过日子的人来说，找一个革命家的丈夫，实在是太累，牺牲太大了。和陈独秀的婚姻，从一开始就背上了沉重的十字架。因为这个婚姻，得罪了姐姐，得罪了陈独秀一家人，包括陈独秀的嗣父陈昔凡。而陈独秀是一个只顾事业不顾家的人，加上其私生活不检点的传言，高君曼精神一直处于不愉快的状态，好日子加在一起不过一年。这以后，就是与陈独秀无休止的

陈子美

吵嘴，自己不断的生病和过着无穷无尽的苦日子。

高君曼去世时，女儿陈子美大哭了一场。她在晚年将父母的关系理解为：母亲是最理解父亲陈独秀的人。母亲高君曼读过父亲的许多文章，是母亲成全了父亲，让大丈夫志在四方，自己默默地带着两个孩子隐居他乡（南京），让父亲无后顾之忧。而父亲和哥哥陈延年、陈乔年相处不融洽，幸亏有母亲高君曼的规劝，才缓和了父子关系。

陈子美的看法，出自做女儿的独特视角。

高君曼遗体被安葬在南京清凉山。由于战争和其他原因，无人到这里扫墓，高君曼的坟墓遂成为一座无主坟。这样差不多过了六十多年，直到1993年清明节前后，江苏省公安厅经陈独秀孙女陈祯祥请求，用现代科学技术判别了埋葬在南京的高君曼遗骨。不久，高君曼的遗体被其孙女移葬于南京市雨花台附近的黄金山墓园。

## 3. 陈独秀狱中祭子

在陈独秀住的上海石库门房子的亭子间，住着一位年轻单身女士，年纪不大，圆圆脸，扑闪着一双大大的眼睛，从穿着举止看，不像是坏女人。陈独秀找了一个机会和她攀谈起来，知道她叫潘兰珍，是英美烟草公司的工人。

潘兰珍是苏北南通人。四岁时，父母带她逃荒到上海，父亲在外滩码头搬东西，母亲捡煤渣。后来父亲到英美烟草公司当工人。潘兰珍13岁到纺织厂当童工，因受一个流氓的哄骗，与其同居后生了一个小孩。小孩夭折后，潘兰珍被抛弃。

陈独秀见潘兰珍是工人，顿生好感，见面时话也多了起来。陈独秀自称姓李，南京人。说自己是南京人，大约是因为想到高君曼在南京住。两人都是独身，又都无依无靠，闲时，潘兰珍帮陈独秀洗洗衣服、收捡房间，陈独秀教潘兰珍识字学文化。一来二去，两人生了感情，终于搬到一起同居了。

潘兰珍这年23岁，陈独秀这年52岁，两人相差近30岁。有时一起上街逛市，潘兰珍一手挽着陈独秀走路，路人以为是父女同行，不以为怪。

1932年10月15日下午7时，上海公安局总巡捕房政治部和嘉兴路捕房逮捕了陈独秀。他们将陈独秀桌上和抽屉里的文件材料一起放入纸箱中，搬到了红皮钢甲车上。陈独秀暗自思忖，这回完了。蒋介石已杀了他两个儿子，这回该轮到自己了。蒋介石杀了那么多共产党人，单1931年就杀了邓恩铭、恽代英、蔡和森、邓演达等，他陈独秀早就是蒋介石通缉的首犯，这回在劫难逃了。

陈独秀被捕后，引起了全国舆论的关注。在确知陈独秀已被中共中央开除党籍以后，蒋介石同意将陈独秀交法院审判，给了胡适等顺水人情。经过半年的司法审判，1933年4月26日下午2点，江苏地方法院朱隽检察官宣读法庭最后判决："陈独秀、彭述之共同以文字为叛国之宣传，各处有期徒刑十三年，褫夺公权十三年。"

判刑后，陈独秀等人被关押到江苏第一监狱——南京老虎桥45号（现东南大学南）。

1936年12月中旬，监狱内气氛十分紧张，狱卒如临大敌，日夜值班。原来，蒋介石在西安被张学良东北军、杨虎城西北军扣押了。

陈独秀（右）与彭述之在狱中

已关了四年的陈独秀听说蒋介石被扣押，像儿童过节一样高兴。他掏出钱，请人去打酒买菜。喝酒前，他对濮德治、罗世凡说："今天我们好好喝一杯，我生平滴酒不沾，今天要喝个一醉方休。"当时，监狱对陈独秀已经优待，安排同案犯、年轻一点的罗世凡、濮德治轮流照顾他。比陈独秀小20岁的濮德治（即濮一凡、濮青泉），怀宁人，与陈独秀是表亲。陈独秀母亲和濮德志的母亲是堂姐妹。濮德治、罗世凡两人被逮捕前，曾任托派中央常委。

说话工夫，陈独秀将书案捡空，找来两个茶杯作酒杯。喝酒时，他倒了一杯，转身倒在凳子周围，说："大革命以来，为共产主义而牺牲的烈士，请受奠一杯，你们的深仇大恨有人给报了。"

陈独秀又倒一杯，说，这一杯是为了延年、乔年儿。说话时，陈独秀声音有些哽塞，随即，他含泪将酒倒在地上。接下来，陈独秀与濮德治、罗世凡痛饮了几杯。

12月26日夜里，一阵阵爆竹声将陈独秀从梦中炸醒，仔细听，监狱外似乎还有锣鼓的声音，一打听，是蒋介石被放回南京了。陈独秀很怅然，再也不能入睡。几天后，陈独秀对来看他的儿子松年说："到了八年，我还不一定能出去。"他见陈松年低头不语，又说："我要出去马上就可以出去。"他的意思是办了手续就可以出去。1934年7月21日，国民党最高法院公布，改判陈独秀有期徒刑八年。

隔日，陈独秀精神稍好，他用心写了一副对联：海底乱尘终有日，山头化石岂无时。他相信，自己会有出狱的一天，蒋介石也会有被打倒的一天。

1937年陈独秀在南京监狱

## 4. 陈独秀出狱

1937年8月15日起，日军飞机每天都要轰炸南京，一天不止一次。第二天，南京金陵女子大学中文系主任陈仲凡教授来狱中探监，发现监狱一处被炸塌，回去找了胡适，商量保释陈独秀出来的事。陈仲凡是陈独秀在北大时的学生，他知道，中共代表周恩来、董必武等人在给蒋介石施加压力，要蒋介石释放全国政治犯。

七七事变后，周恩来与蒋介石在庐山就第二次国共合作举行了会谈。胡适被国民政府聘为"国防参政会"参议员，应邀参加了庐山谈话会，正在帮蒋介石、汪精卫拿外交方案。

陈仲凡找到胡适，请他担保陈独秀出狱。胡适给汪精卫写了一封信，并与陈仲凡、张伯苓找了国民政府，他们同意保释，但要陈独秀写

"悔过书"。陈独秀生气地说：我要是写悔过书早就出来了。我宁愿炸死狱中，实无过可悔！

8月19日，汪精卫给住在南京教育部内的胡适写了一个便条："适之先生惠鉴：手书奉悉，已商蒋先生转司法院设法开释陈独秀先生矣。敬复，并颂著安弟汪兆铭顿首 八月十九日。"汪精卫用"设法开释"词，胡适知道这是法律用语，因为行政首脑要尊重司法程序。

隔日，星期六，国民政府主席林森接到国民政府司法院院长居正"请将陈独秀减刑"的公文。公文说："该犯入狱以来，已逾三载，近以时局严重，爱国情殷，益深知悔悟，似宜宥其既往，籍策将来，拟请钧府依法宣告，将该犯陈独秀原处刑期减为执行有期徒刑三年，以示宽大。"林森在公文上批道："呈悉，应予照准。业经明令宣告减刑矣。仰即转饬知照，此令。"

司法院见政府已有批示，当天给司法行政部部长王用宾发出"训令"说："国民政府将陈独秀原处刑期减为执行有期徒刑三年，以示宽大。现值时局紧迫，仰即转饬先行开释可也。"

8月23日，星期一。监狱方面告诉陈独秀，国民政府及司法院已同意将他减刑释放。在狱中待了4年多（5年差53天）的陈独秀出狱后，住到了傅斯年家。

胡适来看陈独秀时，劝他进国防参议会，陈独秀表示，蒋介石杀了我许多同志，还杀了我两个儿子，我和他不共戴天。

胡适见陈独秀提到陈延年、陈乔年之死，知道陈独秀说的是内心话，叫他和蒋汪共事，是不可能的了。

见胡适默不作声，陈独秀也有所悟，便换了语气说："现在大敌当前，国共二次合作，既然国家需要他合作抗日，我不反对他就是了"。此后，胡适不再向陈独秀提出参加国防参议会的事。

日本加紧轰炸南京，南京已不是久留之地。1937年9月12日，陈独秀和潘兰珍登船避往汉口。

这期间，陈独秀的朋友罗汉去西安见了林伯渠，谈陈独秀能否回到党内工作的事。林伯渠希望陈独秀回来工作，把这个消息电告延安的毛泽东和张闻天。他们代表中共中央，欢迎陈独秀回来，但提出了三项条件。第一条是写一个书面检讨。

初冬，罗汉偕董必武来见陈独秀。谈到"三个条件"，董必武说：我劝你还是以国家民族为重，抛弃固执和偏见，写一书面检讨，回党工作。

陈独秀说："回党固我所愿，唯书面检讨，碍难从命。"

事后，陈独秀写了关于抗战的七条纲领交给罗汉，请他带去南京。罗汉到南京又找了博古和叶剑英。博古对罗汉说，陈独秀的抗战七条纲领和中央路线并无大的分歧，但根据中央电报，陈独秀还要有一个书面检查。

## 5. "汉奸"风波

1937年11月29日，中共驻共产国际代表王明与康生等同机飞抵延安。

王明到延安后的第五天，在《解放》杂志上发表《日寇侵略的新阶段与中国斗争的新时期》一文，称"日寇侦探机关……首先是从暗藏的托洛茨基—陈独秀—罗章龙匪徒分子当中，吸收作这种卑劣险毒工作的干部"。

几天后，在中共中央政治局会议上，王明针对毛泽东等提出的与陈独秀合作抗日的三项条件说："我们和甚么人都可以合作抗日，只有托派是例外……在中国，我们可以与蒋介石及其属下的反共特务等人合作，但不能与陈独秀合作。"当时，苏联正在审判布哈林、李可夫"右派和托派反苏联联盟案"。王明说："斯大林正在雷厉风行地反托派，而我们却要联络托派，那还了得。"他甚至说："陈独秀他们是领取日本津贴的汉奸、杀人犯。陈独秀即使不是日本间谍，也应该说成是日本间谍。"

会议结束后，王明到武汉主持长江局工作。1938年新年伊始，《新华日报》《群众》《解放》等报刊登出许多文章，说陈独秀是"托匪汉奸""托洛茨基匪首""日寇侦探"等。康生在《解放》周刊第29、30期上连续发表《铲除日寇侦探民族公敌的托洛茨基匪徒》一文，说："1931年'三一八'事变……上海的日本侦探机关，经过亲日派唐有壬（国民党外交次长），与陈独秀、彭述之、罗汉等所组织的托匪'中央'进行了共同合作的谈判，当时唐有壬代表日本侦探机关，陈独秀、罗汉代表托匪的组织，谈判的结果是，托洛茨基匪徒'不阻碍日本侵略中国'，而日本给陈独秀的'托匪中央'每月三百元津贴，待有成就后再增加之。这一卖国的谈判确定了，日本津贴由陈独秀托匪中央的组织部长罗汉领了……这无怪鲁迅先生痛骂陈独秀等托匪是有悖于中国人为人的道德。"

3月16日，王星拱、傅汝霖、高一涵、段锡朋、梁寒操、周佛海等九人在《大公报》《武汉日报》发表信函，说："为正义、为友谊，均难缄默，特此为表白。"第二天，《扫荡报》将此信转载。

刚被保释出狱的民主人士、"七君子"之一的沈钧儒也在汉口《大公报》上发表文章，不赞成给陈独秀扣上汉奸的帽子。

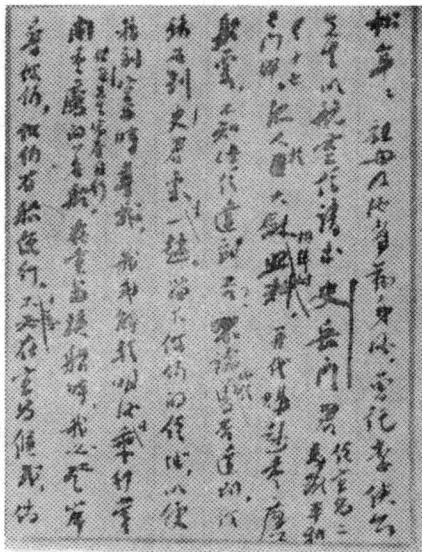

陈独秀1938年6月4日给陈松年信

《新华日报》发表了《幸之》的短评，驳斥王星拱等人来信，谓"此风不可长"，并发表短评《陈独秀是否托派汉奸问题》，说这个问题"要由陈独秀是否公开声明脱离托派汉奸组织和反对托派汉奸行为为断"。

陈独秀看了这个评论，写了一封《给〈新华日报〉的信》，说："我如果发现了托派有做汉奸的真凭实据，我头一个要出来反对……受敌人的金钱充当间谍，如果是事实，乃是一件刑事上的严重问题，决不能够因为声明脱离汉奸组织和反对当汉奸行动而事实便会消失；是否汉奸应该以有无证据为断。"最后，陈独秀质问康生等人："你们向来不择手段，不顾一切事实是非，只要跟着你们被牵着鼻子走，便是战士，反对你们的便是汉奸，做人的道德应该是这样吗？！"

4月8日，陈独秀给长沙的"贺松生"（即何之瑜）去信说："关于我，恐怕永无解决之一日，他们自己既然没有继续说到我，而他们正在指使他们在汉口及香港的外围在刊物上、在口头上仍然大肆地造谣诬蔑……我拿定主意，暂时置之不理，惟随时收集材料，将来到法庭算总账。"

## 6. 毛泽东：陈独秀是五四运动的总司令

1938年7月2日，陈独秀、潘兰珍及包惠僧、夏松云夫妇在汉口搭上了"中、中、交、农"四银行包的专轮去了重庆。陈独秀、潘兰珍先住在石柏街通源公司，后住禁烟委员会主任李仲公办事处。

陈独秀夫妇到重庆后，《新民报》《新蜀报》张恨水、张慧剑等人为他们接风洗尘，高语罕夫妻陪同。张恨水祖籍安庆潜山，与怀宁接壤，与陈独秀是老乡。在金陵狱中，陈独秀读过张恨水的《啼笑姻缘》。

潘兰珍

宴会上，张恨水第一次见到潘兰珍，对她坐在一旁、默默无言印象很深。潘兰珍刚30岁，席上有人喊她"陈夫人"，脸就红了起来。陈独秀见了，一旁微笑，像是很高兴的样子，并不觉得难堪。

陈独秀去世两年后，张恨水写了短文《陈独秀之新夫人》，回忆他这次会见陈独秀和潘兰珍的情景：

先生已六旬，慈祥照人，火候尽除。面青癯，微有髭，发斑白。身衣一旧袍。萧然步行。后往往随一少妇丰润白晰，衣蓝衫，着革履。年可二十许。或称之陈夫人，则郝然红晕于颊，而先生微笑，意殆至乐，与之言，操吴语。宴会间，先生议论纵横，畅谈文艺（先生早讳言政治思想矣），夫人则惟倾听，不插一语。以此窥之，想甚敬重夫子也。

这次见面，《时事新报》请陈独秀为主笔，一篇稿子给他三四十元。为了生活，陈独秀便隔几日写一篇文章，或应邀演讲。

1938年8月3日，陈独秀、潘兰珍在邓仲纯的邀请下去了江津，在这里度过了人生最后的五年。江津（今江津市）是小城目标小，敌机袭击少，白沙镇进驻了不少国民党大机关，熟人多，而且有邓仲纯开的"延年医院"，方便就医。

儿子陈松年和安徽同乡在重庆筹办了国立九中，不久，随校搬到江津。陈独秀在江津先后在"延年医院"、郭家公馆、施家大院住过，后来住到鹤山坪石墙院。儿子陈松年不时来看望。

石墙院

陈独秀江津鹤山坪石墙院旧居

　　1941年9月13日，毛泽东在延安对中央妇委和中共中央西北局联合组成的妇女生活调查团讲话，提到了陈独秀："记得我在一九二〇年，第一次看了考茨基著的《阶级斗争》，陈望道翻译的《共产党宣言》，和一个英国人作的《社会主义史》，我才知道人类自有史以来就有阶级斗争，阶级斗争是社会发展的原动力，初步地得到认识问题的方法论。可是这些书上，并没有中国的湖南、湖北，也没有中国的蒋介石和陈独秀。我只取了它四个字：'阶级斗争'，老老实实地来开始研究实际的阶级斗争。"这次谈话，毛泽东肯定了陈独秀在当时的影响。

　　犹豫了一段时间，陈独秀写了被胡适后来称之为浪子回头的一篇文章：《战后世界大势之轮廓》。他认为，"美国胜利了，我们如果能努力自新，不再包庇贪污，有可能恢复以前的半殖民地的地位，倘若胜利属于德、意、日，我们必然沦为殖民地"。这篇文章五六千字，时写时辍，直到腊月二十五日才写好。

　　1942年3月30日，毛泽东在中共中央学习组作《如何研究中共党史》讲话时，充分肯定了陈独秀在五四运动中的地位和作用。他说："在五四运动里面，起领导作用的是一些进步的知识分子。大学教授虽然不上街，但是他们在其中奔走呼号，做了许多事情。陈独秀是五四运动的总司令。现在还不是我们宣传陈独秀历史的时候，将来我们修中国历史，要讲一讲他的功劳。"

毛泽东说陈独秀是"五四运动的总司令"，并说"将来我们修中国历史，要讲一讲他的功劳"的时候，陈独秀还在世，可惜，陈独秀没有听到毛泽东的这些评价。

### 7. 陈独秀去世

1942年，抗日战争迎来了最艰难的一年。63岁的陈独秀稍稍佝偻的身子已明显不如入川之初了。他喜欢在日光下漫游，看着异乡的山水，偶尔吟诗几句，排解寂寞。1月7日，陈独秀抄录近作，寄台静农：

峰峦山没成奇趣，胜境多门曲折开。

蹊径不劳轻指点，好山识自漫游回。

5月初，住在江津鹤山坪的陈独秀，听罗宗文县长说，玉米缨能治病，他让妻子潘兰珍找人去要一点。潘没有找到玉米缨，但邻居告诉她，血压高，可以喝蚕豆花水。

5月10日上午，陈独秀喝了一杯蚕豆花泡的水。喝下后，他就感到腹胀不适，当晚睡觉不安。当时是立夏之后，小满之前，正是多雨季节，蚕豆花被雨浸后发酵生霉，长了黑斑点。陈独秀治病心切，对此事没有在意，结果喝了带菌的水，中了毒。

5月17日傍晚，陈独秀上厕所时，因便秘晕倒在地。一个小时后才苏醒过来，全身冒冷汗。两个小时后又晕倒，开始发烧。陈独秀原以为挺挺就过去了，坚持不让潘兰珍去请邓医生。潘兰珍看先生昏过去了，吓得哭了起来。

第二天，杨鲁承的孙子杨庆余起早走了20里山地，赶往江津县城。邓仲纯又托人去江津县第九中学叫上陈松年、何之瑜，三人急急忙忙赶到鹤山坪。

见陈独秀已处于昏迷状态，邓仲纯忙给他打了一针，灌了一些药，陈独秀才稍稍好了一些。邓仲纯见陈独秀病重，和何之瑜商量，给重庆的周伦、曾定天两医生写信，请他们来看病，但两位医生没有来，只是提出了诊治的意见，并赠送了药品。

何之瑜

5月19日、20日，邓仲纯在鹤山坪给台静农写信，报告了陈独秀的情况："弟以仲兄突然卧病，于十八日再到鹤山坪。仲兄乃因食物中毒而起急性肠胃炎，十七日晚曾一次晕厥，颇形危险，今日虽经服药，已较平稳，然以年逾六旬而素患高血压症者，究属危险，实足令人惴惴不安为甚矣！"

5月20日，邓仲纯在鹤山坪继续给台静农写信："仲兄较昨日更见好。已略有食欲，不作呕，呼吸已平稳，精神亦稍觉安宁矣。仲兄嘱转达吾兄者，以后教本印稿不必寄来校对，迳可付印，盖因此次一病，必须数月之休养，方能恢复健康，决无精力校对，以免徒延日期也。"

陈独秀临终前，还在挂念自己研究文字学书稿的印刷。

1942年5月27日，农历四月十三日，星期三，21时40分，63岁的陈独秀在贫困、精神折磨和病痛交加中停止了心脏的跳动。

抗日战争胜利后，陈松年根据父亲的遗嘱，于1947年雇船把父亲和

江津陈独秀衣冠墓

祖母谢氏的遗骨从四川江津运回安庆。

一个风和日丽的冬日，陈松年托人将父亲棺木由安庆西门太平寺移到北门叶家冲（现属十里铺乡）。掘开母亲高氏之墓，将陈独秀棺木置于高氏棺木西侧，遂了母亲生不能同寝、死能合冢的遗愿。

新堆的坟茔比原来大一点，墓碑很小，正中刻着"先考陈公仲甫之墓"八个大字，右下方刻着"子延、乔、松、鹤年泣立"八个小字。

# 第九章　往事如歌（1942—2013）

### 1. 张恨水：陈独秀自有千秋

陈独秀逝世后，《时事新报》《新民报》发了消息，说，"青年时代的陈独秀，向宗教宣战，向偶像宣战，一种凌厉之气，不失为一个先驱者"。对于陈独秀晚年，该文说："他究竟是一个操守者，因为我们还得到他身后萧条的消息。"

1942年6月1日清晨，一只江津粮站运米的木船携带陈独秀灵柩，由鹤山坪徐徐运到江津县城。安徽同学会赠送的四川香楠木棺材又小又重。

陈独秀临时墓地选在江津县城西门外鼎山山麓、邓家"康庄"前坡。墓穴不远处，是江津义字号龙头大爷李孔修墓地。陈独秀生前曾说过，此地风水不错。墓垄及墓道由邓氏叔侄捐钱修筑。墓碑上刻有欧阳竟吾写的"独秀陈先生之墓"。

下午一时半，江津县名流、绅士，附近各乡团丁，国立九中师生，双石小学学生及陈独秀亲朋好友百余人参加了陈独秀安葬仪式。殡葬仪式由邓燮康、周光年、方孝远主持，何之瑜、段锡朋、邓仲纯、程小苏及潘兰珍、陈松年等家人聚集墓垄周围。

　　最后，人们依次向墓碑行三鞠礼，结束殡葬仪式。

　　国民党特务混在参加悼念的人群中，他们低声打听出席安葬仪式的人的名字，并问：邓先生为什么出让墓地给陈独秀？他们是什么关系？他们不知道，陈独秀40年前就与同乡邓仲纯、邓以蛰（邓稼先的父亲）兄弟同在日本留学。1905年，陈独秀与他们的父亲邓绳侯同在芜湖教书，1912年、1913年，与邓绳侯同在安徽都督府秘书科共事。陈、邓两家的友谊，已有半个世纪了。

陈独秀安葬仪式

　　6月2日，即陈独秀逝世后的第五天，张恨水在《新民报》上发表了悼念陈独秀的第一篇短文《陈独秀自有千秋》，其中说：

　　陈先生为人，用不着我来说，在目前大概还是盖棺论不定。在不久还在本栏劝过陈先生不要谈政治，把他的文学见解，贡献国家。陈先生对此，没有反应。我了然此翁倔强犹昔，只是松心惋惜。在学说上论，陈先生是忠诚的。虽不能说他以身殉道，可以说他以身殉学。文学暂时不值钱，而学术终有它千古不减的价值。我们敬以一瓣心香，以上述一语慰陈先生在天之灵，并勉励许多孤介独特之士。

"在目前大概还是盖棺论不定"，张恨水此时已预料陈独秀将来是一个有争议的人；"可以说他以身殉学"，指陈独秀一直醉心文字学研究；"文学暂时不值钱"，是张恨水对于陈独秀不续写自传的一种解释。

## 2. 毛泽东：结论作得严重

1943年5月22日，共产国际主席团宣布解散共产国际。毛泽东接到这个电报时，兴奋地说："他们做得对，我就主张不要这个机构。"　师哲：《在历史巨人身边》，中央文献出版社1991年版，第228页。）

共产国际取消后，毛泽东可以多谈谈陈独秀了。抗日战争初期，王明、康生自"昆仑山上下来"，以钦差大臣自居，给没有出洋留过学的毛泽东很大的压力。毛泽东主张在与国民党的统一战线中坚持独立自主，就是吸取了大革命时期的经验教训。但王明主张一切经过统一战线，反对毛泽东的统一战线的主张。

1944年3月5日，毛泽东在《关于路线学习、工作作风和时局问题》中说："过去在我们党的历史上，除反张国焘错误路线的斗争外，有两次大的斗争，即反陈独秀错误路线与反李立三错误路线的斗争。那时在思想上没有进行很彻底的讨论，但结论作得严重，因此未能达到治病救人的目的，前车之覆并没有成为后车之鉴。这一次我们一定要在思想上弄清楚。"

这段话表明，毛泽东认为，过去对陈独秀和李立三的斗争，结论严重，没有达到治病救人的目的。

4月12日，毛泽东发表《学习和时局》的谈话："我党历史上，曾经有过反对陈独秀错误路线和李立三错误路线的大斗争，这些斗争是完全应该的。但其方法有缺点：一方面，没有使干部在思想上彻底了解当时错误的原因、环境和改正此种错误的详细办法，以致后来又可能重犯同类性质的错误；另一方面，太着重了个人的责任，未能团结更多的人共同工作。这两个缺点，我们应引为鉴戒。这次处理历史问题，不应着重于一些个别同志的责任方面，而应着重于当时环境的分析，当时错误的内容，当时错误的社会根源、历史根源和思想根源，实行惩前毖后、治病救人的方针，借以达到既要弄清思想又要团结同志这样两个目的。对于人的处理问题取慎重态度，既不含糊敷衍，又不损害同志，这是我们的党兴旺发达的标志之一。"

毛泽东讲"太着重了个人的责任"，这是以前所没有过的。

1945年4月20日，中共第六届中央委员会扩大的第七次全体会议通过的《关于若干历史问题的决议》，采纳了毛泽东的观点，指出："扩大的六届七中全会指出：在党的历史上，曾经有过反对陈独秀主义和李立三主义的斗争，这些斗争，是完全必要的。这些斗争的缺点，是没有自觉地作为改造在党内严重存在着的小资产阶级思想的严重步骤，因而没有在思想上彻底弄清错误的实质及其根源，也没有恰当地指出改正的方法，以致易于重犯错误；同时，又太着重了个人的责任，以为对于犯错误的人们一经给以简单的打击，问题就解决了。党在检讨了六届四中全会以来的错误以后，认为今后进行一切党内思想斗争时，应该避免这种缺点，而坚决执行毛泽东同志的方针。"

4月20日，毛泽东在《对〈关于若干历史问题的决议〉草案的说明》中谈到陈独秀的功劳："其他许多同志的意见都很好。错误不是少数人的问题，写几个名字很容易，但问题不在他们几个人。如果简单地处理几个人，不总结历史经验，就会像过去陈独秀犯了错误以后党还继续犯错误一样。对陈独秀应该承认他对中国共产党和中国人民是有功劳的，大体上如同俄国的普列汉诺夫。"普列汉诺夫前期是俄国马克思主义宣传家，1883年创建俄国第一个马克思主义团体"劳动解放社"，翻译和介绍了许多马克思和恩格斯的著作，为马克思主义在俄国的传播起了重大作用。1903年俄国社会民主工党第二次代表大会后，他逐渐转向孟什维克，后成为第二国际机会主义的首领之一。

毛泽东还说："五四运动替中国共产党准备了干部。那个时候有《新青年》杂志，是陈独秀主编的。被这个杂志和五四运动警醒起来的人，后头有一部分进了共产党，这些人受陈独秀和他周围一群人的影响很大，可以说是由他们集合起来，这才成立了党。"（《毛泽东文集》第3卷，人民出版社1996年版，第294页。）"这些人"，包括毛泽东本人。

### 3. 毛泽东：六大"不选他是不对的"

1945年4月21日，毛泽东在中共七大预备会上说："五四运动有中国最觉悟的分子参加，当时的觉悟分子有陈独秀、李大钊。在五四运动中有左翼、右翼，陈独秀、李大钊是代表左翼的。那个时候，中国还没有共产党，但已经有少数人有初步的共产主义思想。""但是关于陈独秀这个人，我们今天可以讲一讲，他是有过功劳的。他是五四运动时期的总司令，整个运动实际上是他领导的……""普列汉诺夫以后变成了孟什维克，陈独秀是中国的孟什维克。德苏战争以后，斯大林在一篇演说里把列宁、普列汉诺夫放在一起，《联共党史》也说到他。关于陈独秀，将来修党史的时候，还是要讲到他。""我说陈独秀在某几点上，好像俄国的普列汉诺夫，做了启蒙运动的工作，创造了党，但他在思想上不如普列汉诺夫。普列汉诺夫在俄国做过很好的马克思主义的宣传。陈独秀则不然，甚至有些很不正确的言论，但是他创造了党，有功劳。"

1945年5月24日，毛泽东在《第七届中央委员会的选举方针》中说："我们曾经做过这样的事，就是六次大会不选举陈独秀到中央。结果是不是好呢？陈独秀后头跑到党外做坏事去了，现在看不选他是不对的。我们党是不是因为六次大会不选陈独秀，从此就不出乱子，天下太平，解决了问题呢？六次大会选举出的中央纯洁得很，没有陈独秀，可是我们党还有缺点，还是闹了纠纷，出了岔子，翻了筋斗，并没有因为不选他，我们就不闹纠纷，不出岔子，不翻筋斗。不选陈独秀，这里面有一条原因，就是为了图简便省事。在预备会上我曾讲过，过去我们图简单、爱方便，不愿意和有不同意见的人合作共事，这种情绪在我们党内还是相当严重地存在着的……这两次的经验，都值得我们注意和研究。"毛泽东在同一次讲话中还说："过去对陈独秀，对李立三，痛快明了，从感情上说倒很痛快，没有烦恼，但结果搞得不痛快，很烦恼。世界上的事，往往是这样，就是为了痛快，往往反倒不痛快，而准备了不痛快，不痛快或者可以少一点。所以我们要下决心不怕麻烦，下决心和犯过错误的同志合作。"

## 4. 毛泽东：陈独秀后人有生活困难，可以照顾嘛

为了解决向社会主义过渡的问题，毛泽东于1953年2月到南方作调查。2月20日，毛泽东乘"洛阳"号军舰沿江视察，来到安庆。2月21日上午，安庆地委书记傅大章和市委书记赵瑾山一起上了"洛阳"号。罗瑞卿说，你们先坐一下，我去看看主席起来没有。

过了一会儿，毛主席起来了，他的情绪很好，说："我们上岸走走。"

傅大章长长的脸，中等偏上的个子，穿了一件崭新的中山装褂子。吃过午饭，傅大章带了许多材料随军舰到南京，准备一路上向毛主席汇报。他估计毛主席会提一些问题，所以做了充分的准备，在他厚厚的笔记簿上，记满了有关安庆经济问题的数据。

"今天不要你们汇报工作，你们有什么问题，可以提出来，随便谈谈。"毛主席亲切地说。因为高敬亭在安庆岳西工作过，傅大章问了一

下高该不该杀的话题。毛主席一边说话，一边吸烟，他微笑地看着这位年轻的地委书记，突然问，"陈独秀家在安庆什么地方？"

傅大章答道："在独秀山下。"陈独秀是个敏感的人物，毛主席不提到他，傅大章是不好提的。

"安庆有个独秀山？"毛泽东一向喜欢对人名进行诠释，以前他没有听说过安庆有一个独秀山。

"独秀山是怀宁县内的一座小山，离这里有三四十里地。"因为谈到自己熟悉的安庆人物话题，傅大章内心的紧张已缓解了许多，紧绷的脸笑起来比刚才已自然多了。

毛泽东点了点头。"是独秀山以陈独秀得名，还是陈独秀因山而得名？"

"原来就有独秀山。先有独秀山，后有陈独秀。"傅大章肯定地说。

"噢。"毛泽东应了一声。谈了一会儿陈独秀本人的情况，毛泽东问："陈独秀家里还有些什么人？"

傅大章对陈独秀与高君曼生的一儿一女情况不清楚，说："还有个老母亲。他后来和一个姓潘的女工结了婚，那个女工现在不知下落。"见毛主席有兴趣，傅大章接着说，"陈独秀有个儿子叫陈松年，现在安庆市窑厂工作，当技师，现在生活有些困难，把北京的一所房子卖了。"（陈独秀的母亲1899年去世，嗣母谢氏1939年去世，"还有个老母亲"，指陈昔凡侧室。）

毛泽东不以为怪地说："何必卖房子呢？"毛泽东知道，陈松年是陈延年、陈乔年的同胞弟弟。他和陈延年在一起工作过，对烈士当初反对他的父亲执行共产国际的指示、执行妥协退让的路线，印象非常深。

"陈松年人老实，当过教师。"

　　"陈独秀后人有生活困难，可以照顾嘛！"毛泽东说。

　　傅大章连忙点头，"我们马上给他们补助。"

　　这时毛泽东谈起陈独秀，说："陈独秀早期对传播马列主义是有贡献的，后期犯了错误，类似俄国的普列汉诺夫。陈独秀出狱后，中央派人做他的工作，希望他发表个声明承认错误，但陈独秀拒绝了。"这段话，毛主席在延安时期也谈过。

陈松年（"文革"时期摄）

　　当天，毛泽东乘军舰到南京，转乘火车北上。

　　毛泽东离开后，傅大章同地委其他同志商议，由安庆地委统战部每月发30元给陈松年作生活补贴，直至1990年陈松年去世。有趣的是，中共六大后，中央每个月补助陈独秀的生活费也是30元。在陈独秀的党籍1929年11月被开除后，这个30元的生活费自然就停发了。

## 5. 周恩来：我也很怀念陈延年

　　抗日战争爆发，萧三从苏联回到延安。这时陈乔年已经牺牲十多年了，重新修改《国际歌》译词的工作，落到了萧三一个人身上。

　　1939年10月，萧三在《〈国际歌〉歌词修改说明》一文中写道："陈乔年同志为中国共产党、中华民族及中国人民的利益，英勇地牺牲了。他译出的《国际歌》歌词至今为中国人民大众歌唱着。但是直到现在，每次开大会时，人们常常只唱歌词的第一章，第二章、第三章很少有人知道，这是不好的。再则那时我们译得也颇不周到，如因为太少音乐常识，有些配得不妥。现在正值庆祝十月革命二十二周年纪念时，特将从前译的三章歌词重新按照原文修改一遍（第一章因已唱出，很少变更）。现在没有乔年同志合作了，这是很悲痛的。我们在这里纪念他！在修改过程中，曾获得我国著名音乐家吕骥、冼星海等同志及歌词写得很好的塞克等同志的顾问与赞助……希望国人全部地、一致地唱出来！"

萧三一直反复推敲和修改《国际歌》歌词，并多次提出，为了纪念陈乔年，"译者"要补署他的名字，因为他毕竟最初参与了歌词的翻译。特别是，陈乔年已经为了祖国和人民，壮烈地牺牲了。

在中、苏两党意识形态大论战时期的1962年，考虑原"歌词中有些字句，原来翻译不够妥切"，中国音协和中央人民广播电台联合公布了新的《国际歌》中译本。遗憾的是，这次修改，没有邀请萧三参加。

于是，至今流传的《国际歌》唱词译本，未能如萧三之愿，增补译者之一陈乔年的名字，连原有的萧三名字也不在其列了。

1958年上半年，夏之栩应《工人日报》之约，写了《回忆陈延年、陈乔年烈士》一文。接受任务后，她担心文章写不好。虽然自己和陈乔年在一起工作了一年，陈延年在自己家住过一段时期，即他生命的最后时期，但她毕竟不了解两位烈士留法和留苏的情况，也不知道陈延年在中共广东区委的情况。

文章写好后，她对周总理说："有刊物约我写陈延年兄弟的文章，我却写不好，怎么办？"

周总理感慨地说："陈延年的文章应该写，写得不好也不要紧，写一点总比不写好嘛！我也很怀念陈延年，早就想写他的回忆录，可惜太忙，总抽不出时间来。……广东的党团结得很好，党内生活也搞得好，延年在这方面的贡献是很大的。"

周恩来也没有忘记烈士的父亲陈独秀。20世纪50年代的一天，周恩来和章士钊"偶及旧事"，谈起陈独秀。说到高兴处，周恩来兴致勃勃吟诵起陈独秀写于1911年的《存殁六绝句》。《存殁六绝句》里有"章子当年有令名""文章今已动英京"两句，是写章士钊的。章士钊惊讶地说："仲甫这首诗写于辛亥春，发表于壬子春，总理真是好记性啊！"

## 6. 胡耀邦：不能将大革命的失败完全归咎于陈独秀

20世纪50年代的一天，汪原放在上海枫林桥畔等候公共汽车，因为这是陈乔年牺牲的地方，他想起了陈延年和陈乔年来。时间飞快，烈士牺牲已三十多年了，中国已经变了样，陈延年和陈乔年为之奋斗牺牲的革命事业已取得了伟大的胜利。想到这里，乘等车的间隙，汪原放吟成一首纪念陈延年和陈乔年的小诗：

枫林桥畔待车时，磊落英姿仔细思；

血肉欲寻何处是？斑斑点点在红旗！

"血肉欲寻何处是？"指陈延年、陈乔年等烈士被残酷杀害后，他们的遗体一直没有找到。安庆陈氏于1946年重刻《义门陈氏宗谱》（聚星堂刻本），提到陈延年和陈乔年的去世和遗体安葬，云陈延年"公卒葬失考"，陈乔年"娶史氏"，"公姒卒葬失考"。其中公"卒"失考，是讳言说出他们被国民党杀害，因为当时安庆是国民党统治区。而公"葬"失考，是实情，因为陈松年确实不知道两位兄长遗骨的下落。此外，年轻而被杀害属于非正常死亡，传统的家谱忌讳说出。

1950年，根据龙华监狱附近群众提供的线索，在刑场发掘出完整的遗骸18具，还有数具头、身、肢不全的遗骨。烈士遗骸上有的还锁着脚镣手铐，同时出土的还有一些铜元、银角子等烈士遗物。

在这数具头、身、肢不全的遗骨中，有一具是陈延年同志的遗骨。但究竟哪一具遗体是陈延年烈士的，已无法判别。

1984年年初，中央书记处开会，指示中央党史研究室写一篇评价陈独秀一生活动的文章，以澄清过去的历史是非，使这个党的重要历史人物得以恢复其本来面目。中央党史研究室主任胡绳指导并参加了这篇文章的写作。此文最初由王洪模教授起草，经过多次反复大修改，形成两万多字的文章，上报胡耀邦、胡乔木。当时，党史界对陈独秀的评价较之过去已有若干改进，如已纠正过去那种不谈或少谈陈独秀的历史功绩的缺点，破除了强加于陈独秀的"汉奸"等诬陷，但该文受材料和认识的限制，有责备过严过苛的地方。胡耀邦总书记在阅读后，召开了一个小会，专门讨论这个问题。会议于1984年11月23日召开，胡乔木、胡绳、郑必坚和郑惠等出席。

胡耀邦在会上强调，对重要历史人物的评价一定要非常慎重。鲁迅在《关于太炎先生二三事》一文中说，太炎先生"并非晚节不终。考其生平，以大勋章作扇坠，临总统府之门，大诟袁世凯包藏祸心者，并世无第二人；七被追捕，三入牢狱，而革命之志，终不屈挠者，并世亦无第二人：这才是先哲的精神，后生的楷范"。

根据出席者郑惠的回忆，胡耀邦总书记在引述鲁迅的这些话时，感慨地说，要学习鲁迅的这种客观公正地评价历史人物的科学态度。他认为对陈独秀复杂的一生应当根据详尽确实的材料进行深入细致的分析，得出正确的结论。过去很长时期对陈独秀予以全盘否定是不公正的。陈独秀在20世纪的最初二十几年中为中国革命立下了很大的功劳，后来犯了错误，但也不能将大革命的失败完全归咎于陈。当时敌强我弱，阶级力量对比悬殊，我们党又处在幼年时期，缺乏革命经验，即使是中央领导人，在理论上政治上也很不成熟，加上共产国际脱离实际的指导，在这种条件下，陈独秀是很难不犯错误的。耀邦同志主张写陈独秀这种对革命有过很大贡献的历史人物，要像鲁迅写章太炎那样，有一种深远的历史眼光，采取厚道公正的写法，这样才能正确评价前贤，深刻吸取历史教训，坚持马克思主义的实事求是精神，使后人受到教益。

胡耀邦讲话后，写作组将这篇文章作了修改，以《关于陈独秀一生活动的评价》为题，在1985年9月的《中国社会科学》杂志上发表。

## 7. 陈延年："一百位为新中国成立作出突出贡献的英雄模范人物"之一

1985年中共中央、国务院批准在上海龙华建立龙华烈士陵园，陵园为与沪上古刹龙华寺毗邻的龙华公园改建。园内矗立一座十米高的赭红岩石假山，以"红岩"象征先烈永垂不朽。陵园大草坪北面有座花岗石的影壁式"龙华烈士纪念碑"。陵园内植有近千株桃树、桂树、雪松、广玉兰、腊梅、春枫等，龙华烈士纪念馆馆名为陈云手迹。馆内陈列彭湃、赵世炎、陈延年、罗亦农、陈乔年等大革命时期牺牲的烈士事迹材料和遗物照片。"龙华革命烈士就义地"的纪念碑南侧有一棵高大的橘树，六十多年

陈乔年雕塑（林士岳　李建国）

了，树干上仍然弹痕累累，这是当年敌人枪杀革命烈士留下的罪证。

1991年6月26日，上海市党政军领导为龙华烈士纪念地举行了隆重的揭幕仪式，此地已成为中国人民世世代代进行革命传统教育，爱国主义教育，热爱党、热爱社会主义教育的重要阵地。

在上海市山阴路68弄90号（原施高塔路恒丰里104号），建造于1926年的一幢砖木结构的三层楼石库门住宅，经过将近一个世纪的风风雨雨，依然静静地立在那里，接受不时来访的游人的瞻仰。这栋房子的门口悬挂着一块牌子，上书"虹口区青少年革命传统教育七号基地"，十分醒目。

这里，曾经是中共上海区委高级党校所在地，曾经是上海工人第三次武装起义的联络站，曾经是中共江苏省委成立的地址，也是陈延年被捕和最后工作的场所。门内的一块石碑上，刻着"陈延年在沪革命活动地"10个大字，让人心中感到一阵阵温暖。

所有这一切表明：人民没有忘记先烈，祖国没有忘记先烈！

为推动群众性爱国主义教育活动深入开展，迎接新中国成立60周年，经中央批准，中央宣传部、中央组织部、中央统战部、民政部、人力资源和社会保障部、全国总工会、共青团中央、全国妇联、解放军总政治部等11个部门联合组织开展评选"100位为新中国成立作出突出贡献的英雄模范人物和100位新中国成立以来感动中国人物"活动。

2009年7月20日至8月10日，根据提名情况确定的150位为新中国成立作出突出贡献的英雄模范人物候选人和150位新中国成立以来感动中国人物候选人，向社会公布并接受群众投票。20天时间内，群众参与投票总数近1亿。最终评选出100位为新中国成立作出突出贡献的英雄模范人物和100位新中国成立以来感动中国人物。

陈延年被评选为"一百位为新中国成立作出突出贡献的英雄模范人物"，他的荣誉称号是"陈延年——忠诚的马克思主义者"。

2013年夏天，在中国文化遗产日（6月10日）前夕，国务院公布了第七批全国重点文物保护单位，其中安庆市共有陈独秀陵园等11处文保单位在列。值得一提的是，其他文保单位中，有陈独秀在辛亥革命时期任教安徽大学堂的"安徽大学红楼及敬敷书院旧址"。

陈独秀墓地"文革"中被踏平，墓碑被附近农民砌进了菜园围墙。今天，陈独秀陵园已经成为国家文物保护单位，成为青少年爱国主义教育基地之一。

## 8. 习近平：历史不会忘记

2013年10月21日，习近平总书记在北京出席欧美同学会成立100周年庆祝大会并发表重要讲话。他说："历史不会忘记，陈独秀、李大钊等一批具有留学经历的先进知识分子，同毛泽东同志等革命青年一道，大力宣传并积极促进马克思列宁主义同中国工人运动相结合，创建了中国共产党，使中国革命面貌为之一新。在中国共产党成立前后，旅欧勤工俭学和留苏学习的进步青年相继回国，在火热的斗争中成长为坚定的马克思主义者，为党和人民事业发展建立了不朽功勋，周恩来、刘少奇、朱德、邓小平同志等就是他们中的杰出代表。同一时期，还有许多留学人员学成回国，为我国经济社会发展起到了开拓者的重要作用。"

抗日战争时期，毛泽东在延安说，将来修党史，要讲一讲陈独秀创党的功劳。70年过去了，习近平总书记兑现了毛泽东的诺言，第一次以总书记的身份，肯定了陈独秀与李大钊、毛泽东等人一起创建了中国共产党。在这段话中，习近平总书记充分肯定了"旅欧勤工俭学和留苏学习的进步青年"的历史贡献，提到了"周恩来、刘少奇、朱德、邓小平同志等"，这中间，无疑包括为中国共产党领导的伟大事业献出了生命的陈延年、陈乔年兄弟。

陈独秀、陈延年、陈乔年画像（李建国画）

"滚滚长江东逝水，浪花淘尽英雄"。如今，父亲长眠在长江中段，日夜有他的原配陪伴。两个儿子长眠在长江之尾，兄弟像生前一样，不离不弃，生死相依。这条奔腾不息的江流，满载人间喜怒悲欢，日夜向东！那如泣如诉的滚滚波涛时时传递着陈姓三父子血肉相连的信息，诉说着这三位革命先行者的悲情人生，诉说着20世纪上半期在风雷激荡的华夏大地上发生的那段传奇般的人间故事……

2004年7月4日第一版定稿

2017年7月4日第二版修改

# 参考书目

1.《义门陈氏宗谱》，1946年聚星堂刻本。

2.任建树等编：《陈独秀著作选》，上海人民出版社1993年版。

3.水如编：《陈独秀书信集》，新华出版社1987年版。

4.《共产国际、联共（布）与中国革命文献资料选辑（1826—1927）》上，北京图书馆出版社1998年版。

5. 潘赞化：《我所知道的安庆两小英雄故事略述》，载《陈独秀研究参考资料》第1辑，安庆市历史学会、安庆市图书馆编印，1981年。

6.夏之栩：《回忆陈延年、陈乔年烈士》，《中国工人》1958年9月。

7.黎显衡等：《陈延年》，广东人民出版社1985年版。

8.清华大学中共党史教研组编：《赴法勤工俭学运动史料》，北京出版社1979年版。

9.清华大学中共党史教研组编：《赴法勤工俭学运动史料》，北京出版社1980年版。

10.张允侯、殷叙彝、李峻晨：《留法勤工俭学运动》，上海人民出版社1980年版。

11.《周恩来年谱》（1898—1849），人民出版社、中央文献出版社1990年版。

12.李维汉：《回忆与研究》（上），中共党史资料出版社1986年版。

13.郑超麟：《记严宽》（未刊稿），1983年。

14.郑超麟：《怀旧集》，东方出版社1995年版。

15.孙其明：《陈独秀：身世、婚恋、后代》，济南出版社1995年版。

16.唐宝林、林茂生：《陈独秀年谱》，上海人民出版社1988年版。

17.张秋实：《关于瞿秋白妥善处理"罗亦农事件"的评价》，《中共党史研究》2004年第4期。

18.朱洪：《陈独秀风雨人生》，湖北人民出版社2004年版。

# 后 记

本书2005年5月由东方出版社出版后，蒙《中华读书报》《天津日报》《安徽日报》《解放日报》《京华时报》《温州日报》《深圳商报》《江淮晨报》《合肥晚报》等报刊先后刊登了出版消息，《新民晚报》2005年6月6日刊登"6月第一周畅销书：《陈独秀父子仨》"，《深圳商报》2005年6月13日—7月21日连载《陈独秀父子仨》（39期），《文摘报》（2007年2月24日）、《人民文摘》（2009年12月）摘登了该书部分内容。

根据人民出版社的意见，这次修改，篇幅上作了压缩，所谓"削其繁剩，笔其精切"，以适应现在快节奏的需要。一本书不在厚薄，若能一口气看下去，能让更多的读者了解陈独秀和他的两个儿子的可歌可泣的故事，了解上一辈革命家、思想家、政治家为我们付出的牺牲，让我们知足常乐、警钟长鸣，才是主要目的。

时间真快，初版至今，13年过去了！此间，发生了许多可记之事。如陈延年2009年被中宣部等单位评为"一百位为新中国成立作出突出贡献的英雄模范人物"之一；陈独秀陵园2013年被列为国家文物保护单位；习近平总书记2013年在欧美同乡会成立100周年的大会上，肯定了陈独秀为创立中国共产党作出的贡献；等等。这一切说明，历史的迷雾正消散，大家的努力没有白费。虽然，要全面、客观地还原历史，特别是要全面、客观地评价陈独秀和中国大革命的历史，我们要做的事还很多！

　　因为是修订，没有了写初版时内心澎湃的思潮，却有了年龄增大后的老成。在修改的技巧、构架和文字组织上，这本书应该是轻车熟路。此外，本书补充了近些年挖掘的史料，删去了一些可有可无的文字，因此，无论在内容的铺陈、史料的厚度，还是文字的简约上，和初版本比，这本书都应略胜一筹。

　　中央音乐学院声乐歌剧系主任、著名女高音歌唱家张立萍教授2006年11月19日写博文说：

　　读完朱洪著的《陈独秀父子仨》，心里很不好受！感觉就像心脏病患者发作心绞痛一样，心脏揪痛了许久！陈独秀父子仨的丰功伟绩，不可磨灭！我们都知道毛泽东在中国共产党建党史上有不可磨灭的丰功伟绩，他的一家人为革命流血牺牲，可是很少有人知道陈独秀父子仨也是为中国共产党建党和为新中国建立作出了巨大贡献！我虽然知道陈延年这个人，竟然不知道他是陈独秀的儿子，陈独秀的另外一个儿子陈乔年也很伟大！这段历史过去了七八十年，我才了解！这真让我心痛！

　　我相信，在一代代成长的年轻人中，一定有一些同志，像张立萍教授读此书前一样，并不了解陈独秀、陈延年、陈乔年的完整故事，或者，并不了解他们的关系。如果这本小书，能让读者了解了一些前辈的悲壮人生，感受到了烈士的高尚的情怀，体会到了思想家、革命家为了中华民族的振兴所作出的杰出贡献，那么，花些时间修改、完善此书，重新出版它，是完全应该的！

　　感谢东方出版社13年前出版了该书；感谢人民出版社这次再版该书，给了我重新修改、温习的机会；感谢十几年来介绍、连载、摘录、评论该书的同志和媒体。出版这本宣传先烈的小书，是弘扬优秀的中国传统文化的一部分。在河水泛滥、泥沙俱下的今天，作者和出版社努力合作，把历史长河中优秀的故事筛选出来，奉献给读者，是时代的责任。尤其在历史虚无主义猖獗，否定先烈的人和事件频频出现的时代，弘扬无数英雄和先烈的牺牲精神与爱国壮举，是弘扬中华民族精神的一个永恒的课题。

　　今年是陈独秀先生去世75周年、陈延年牺牲90周年、陈乔年牺牲89周年。谨以此书祭奠先生的英灵，祭奠长眠在黄浦江畔的两位烈士！

朱　洪

2017年小暑于鹅公山下

责任编辑：韦玉莲

封面图片：李建国

封面设计：林芝玉

**图书在版编目（CIP）数据**

一门三杰：陈独秀和他的两个儿子／朱洪 著.— 北京：人民出版社，2018.6
（2021.10 重印）

ISBN 978－7－01－019296－3

I. ①—··· II. ①朱··· III. ①陈独秀（1879－1942）－传记 ②陈延年（1898－
1927）－传记 ③陈乔年（1902－1928）－传记 IV. ① K827=6

中国版本图书馆 CIP 数据核字（2018）第 082728 号

一门三杰
YIMEN SANJIE
——陈独秀和他的两个儿子

朱 洪 著

人民出版社 出版发行

（100706 北京市东城区隆福寺街 99 号）

北京中科印刷有限公司印刷 新华书店经销

2018 年 6 月第 1 版 2021 年 10 月北京第 2 次印刷

开本：710 毫米 × 1000 毫米 1/16 印张：15.5

字数：210 千字

ISBN 978－7－01－019296－3 定价：48.00 元

邮购地址 100706 北京市东城区隆福寺街 99 号

人民东方图书销售中心 电话（010）65250042 65289539